喬・拜登

JOE BIDEN

THE LIFE, THE RUN, AND WHAT MATTERS NOW

譯——廖世德 著——歐逸文
EVAN OSNOS

獻給教會我讀書的母親蘇珊，
獻給教會我寫作的父親彼得。

人會為自己所作所為付出代價，甚至會為作自己付出代價。他付出的代價很直接：就是他過的生活。

——詹姆斯・包德溫（James Baldwin）《街上無名》（*No Name in the Street*）

我被縛在一個烈火的車輪上，
我的淚像熔鉛一樣
灼痛我的臉。

——莎士比亞《李爾王》

目錄

推薦序（一）　拜登的當選會不會是美國左右和解的曙光？　邱師儀　9
推薦序（二）　拜登對中國仍然採取強硬政策，台灣該注意什麼？　陳方隅　21
前言　人生的第二次機會　33
第一章　亟需療癒的美國　39
效法羅斯福，作一個進步的總統　46
民主黨內的世代分歧　52
建立人與人的連結　58
第二章　一夕之間墜落谷底　63
拜登的缺點是常常管不住嘴巴　68
因為口吃而被同學羞辱，但母親很挺他　73
初試啼聲，大放異彩　79
一場車禍毀了一個家庭　84

第三章　民主黨內的保守派　91
說謊被抓包，搞砸了第一次參選　96
有些立法讓他相當懊悔……　105
吉兒的鼓勵讓他決心加入歐巴馬團隊　112

第四章　意外成為歐巴馬的好朋友　117
廣結善緣，成功推動跨黨派合作　123
特立獨行，有人愛，有人恨　130
忠誠副手，深獲歐巴馬器重　137

第五章　走訪全球的外交特使　141
大啖北京小吃，展現美國軟實力　146
對於出兵海外，他始終表示質疑　149
四十年來沒有做對一件事！　152
「普丁先生，我覺得你沒有靈魂。」　155

對於伊拉克，他一度很樂觀 159
無力挽救破碎的中東 163

第六章 痛苦的決定 169

終於與希拉蕊兵戎相見 173
「我年紀很大，但我還充滿熱情！」 178
長子的去世 182
真情流露，願意分享脆弱與哀傷 185
歐巴馬的關鍵表態 189

第七章 為美國的靈魂而戰 195

性騷擾疑雲 200
靠著黑人的支持，在南卡上演逆轉勝 205
為了凝聚團結，他拒絕攻擊黨內對手 209
佛洛伊德之死 211

獲得華倫與桑德斯的支持　218
在經濟政策上，有大膽突破，也有曖昧不清　221

第八章　做好一個總統　227
民主黨該追求兩黨合作嗎？　231
是否要對川普政府追究責任？　235
如何拉攏進步左派？　239
團結、妥協、和諧，太愚蠢？　246
「給人民光明，他們自己就會找路走。」　251
療癒的語言　254

謝詞　259
參考資料　263

推薦序（一）

拜登的當選會不會是美國左右和解的曙光？

邱師儀（東海大學政治系副教授）

很多觀察家認為川普的崛起乃是他捲起千堆雪，造成美國社會的分裂，但事實上，川普只是反映美國社會由來已久的種族分裂。同樣的，拜登打敗了川普，可能不是拜登吸引了一群「拜粉」，而是多數選民受夠了極右翼羈絆的一種反應。在支持拜登的選民中，的確有一部分是左傾的，但另一些可能只是站在意識形態光譜的中間位置，希望能見到左右派和解的曙光。

但這個目標會隨著拜登的當選而達到嗎？答案在短期內恐怕不樂觀。因為除了共和黨與民主黨兩黨間的意識形態的兩極化，光在共和黨內部就已經先產生了極化。拜登就任，川普離開白宮之後，川普遺緒仍舊主導共和黨內至少是一半的勢力，並且對於反川勢力進行鬥爭。前一陣子前副總統錢尼的女兒、同時也是懷俄明州的眾議員麗茲・錢尼（Liz Cheney），因為反川而遭到眾院中川普勢力的罷免，最後失去了眾院共和黨大會主席的位置。麗茲在川普第二次遭到彈劾時投下了贊成票。而麗茲也與川普鬧翻的親信前首席顧問班農、前國安顧問波頓、前國務卿提勒森一樣，受到各種無情的打壓，讓這齣共和黨川普崛起記未完待續。

然而，第四十六任總統已經是拜登了，因此不只美國，整個世界都必須往前看，拜登當選後的美國至截筆為止仍不完全具體而清晰，但輪廓已然浮現。那就是拜登始於歐巴馬路線，但正在修正歐巴馬路線。

中間偏左的政治精算

拜登的外交與內政比起歐巴馬的理想主義更為中庸與溫和。拜登在競選時多次說他要追求美國人的團結。而這個團結，是來自於修正歐巴馬的太左，與川普的太右。甚至我們可以說，川普是連右都不是的特立獨行與非建制派，但川普這口味選民嚐了四年，也夠了，所以選出一個修正主義的拜登。同時，拜登有歐巴馬沒有的優勢，是後者容易激起右翼反彈（川普當選是結果），但前者可以讓變革軟著陸，至少能吸引一點溫和右翼選民的支持。從這點來看，拜登的當選的確讓人看見左右翼和解的可能。因此，如果用三個詞來形容拜登，那就是和解、和諧與團結。

但拜登的溫和常不受民主黨人青睞，很多環保左派或者桑德斯支持者都覺得拜登過於樂觀與逃避，書中提到「這與其說是他的競選策略，還不如說是他在意識形態上的猶豫不定」（p.224）。拜登之所以如此，很可能是因為誰都不想得罪，但非常弔詭的是，拜登不想過於偏激，卻又常常落得站到改革派這邊的下場。或者我們可以換個方式來說，拜登最後站到改革派這邊，往往是他的務實性格使然。例如，書中提到，由於民主黨黨員結構的關係，一般民主黨總統候選人在初選時會非常左，然而若脫穎而出代表民主黨參加大選時，則因為大部分的美國人較為中庸，民主黨候選人也會往中間移動。但在二〇二〇年的大選當中，我們卻看到拜登越到大選越左（p.218），違反了一般政治學者對於美選的推估。

拜登的左傾，除了反映美國社會極化嚴重，川普把很右的一群白人選民帶到更右之外，也說明了拜登有可能就放棄右翼白人，乾脆往民主黨支持者的同溫層裡鑽。事實證明，拜登後來組閣時納入許多有色人種閣員，包括副手賀錦麗。另一例是二〇一二年五月時當歐巴馬還在想要不要支持同志婚姻時，拜登就已經衝到歐巴馬前面去，他倡言要讓同志能擁有「絕對自在」的法定婚姻權（p.128）。當時，歐巴馬把拜登當成是民主黨內的風向球，當拜登挺一件事情，那表示與其相關的政策方向已然成熟可以推動。但拜登真的這麼左傾嗎？恐怕這個在華府待了超過四十年的前參議員與前副總統可以說是老謀深算，並非如此簡單，只是拜登的「算計」常常意外讓他就站到了進步方。

拜登當選的社會背景

整體來看，拜登屬於建制派中的和諧論者，其立場搖擺也喜歡密室交易（p.102）。而拜登的前同事希拉蕊，她在歐巴馬任內擔任國務卿也有類似的問題，二〇一六年大選時，不少在「鐵鏽帶」的藍領白人選民，就是因為希拉蕊油膩的建制派風格與不說實話的壞習慣（例如當時的電郵門事件），而把票轉投給川普，讓希拉蕊飲恨敗北。

可以說拜登比希拉蕊好運，他所參與的二〇二〇年大選並不是一個選民對於華府民主黨建制派感到厭煩的環境，也不是一個徒具有理想性格卻把經濟搞得很糟的總統留下的爛攤子，而這些窘境正是二〇一六年希拉蕊代表民主黨參選時所遭遇的問題：當時她必須面對自己的執政紀錄，不管是好是壞；又必須概括承受歐巴馬處理不好次貸風暴所引起的全球蕭條。而拜登只是回應了對於川普高度緊張執政後企求「休養生息」的美國民意，最後算是順水推舟贏得了選舉。

有趣的是，拜登在某種意義上不像是川普走在時代尖端獨領風騷，但也因為拜登的中規中矩，讓他剛好可以在大選中對比鮮明性格的川普。拜登年紀比川普老，作風也比川普老派。拜登不像川普，他很少用推特，甚至在競選後期神隱了一段時間。我們看拜登時，有很多前任總統可資比擬：拜登像詹森（Lyndon Johnson），而歐巴馬像甘迺迪（JFK），後者雖然夢幻，但前者落實的自由政策更多。事實上，「軟實力之父」哈佛大學教授奈伊（Joseph S. Nye, Jr.）在其最新鉅作《強權者的道德》中提到，歐巴馬的過度謹慎與冷靜常讓他做不出任何決定，也開展不了什麼新局。

這本書的另一個價值，是讓讀者從拜登的生命歷程來理解他的性格。這部份的紀錄尤為重要，因為他不像拜登在華府超過四十年的歷練所呈現的老政客形象那般的難以捉摸。拜登有過說謊與誇大其詞的不良紀錄，最早是拜登就讀雪城大學時的抄襲風波（p.82），另一次是一九八七年參選總統時抄襲羅勃・甘迺迪的演講稿（p.100），而拜登自己也認了錯。但拜登並非巧言令色之徒，他年少時下了很大的工夫才克服口吃的問題，長大後的拜登，儘管可以滔滔不絕的演講，卻也常語出驚人甚至講錯話。同時拜登一跟選民寒暄就沒完沒了，有時候吹牛起來也不遑多讓。

所以在某些意義上，拜登的直率與華府那些矯揉造作的共和黨人與民主黨人不一樣，就這點而言，拜登與川普都是「非典型」政治人物，只是表現方式不同。

政壇好好先生，立法成就不無爭議

就家庭倫理而言，拜登是一個鍾愛家庭的男人。他和川普、柯林頓或甘迺迪都不一樣，拜登的第二任妻子是第一任妻子車禍逝世後再娶的。拜登對於兩個兒子更是疼愛有加，優秀的大兒子博伊因癌症逝世更讓拜登痛不欲生，退出了二〇一六年的總統大選。二〇二〇年川普攻擊拜登的二兒子杭特，指控他在烏克蘭的生意、與中共的糾葛，甚至是吸毒與性愛影片風波，把拜登逼到在辯論會上痛責川普。

此外，書中有一段特別有意思，是二〇一五年時拜登曾為了兒子博伊（時任德拉瓦州檢察總長）的腦癌醫療費用與博伊因癌症辭掉工作後還要養兩個小孩的巨大開銷，而曾有意向歐巴馬借貸。這裡的問題是：拜登真的這麼窮嗎？二〇一四年拜登與第二任妻子吉兒的報稅資料顯示他們的年收入達一千一百多萬新台幣，同年歐巴馬與蜜雪兒的年收入再多一點，高達一千四百多萬新台幣。這則借貸的新聞是拜登主動透漏給媒體知道的，據說這個舉動還造成當時歐巴馬的尷尬，但也顯示了美國醫藥費的昂貴、博伊的家庭開銷之大與歐巴馬與拜登之間的交情匪淺。

另外，拜登也因為來回華府與德拉瓦州探病需要而常與希拉蕊一起坐美國鐵路，因而有「鐵道老喬」的綽號。其實這樣的政商名流大可搭飛機，但從這裡看得出來拜登頗接地氣。

此外，拜登也與民主黨內各巨頭都處得很好，拜登與歐巴馬的默契不在話下（儘管歐拜間有兩次緊張關係），拜登與桑德斯的關係也比希拉蕊與桑德斯之間的關係要來得好。拜登甚至有肚量提名在民主黨初選辯論會上指著他的鼻子罵的賀錦麗擔任他的副手。

順帶一提的是，賀錦麗這位來自加州看似自由的副手，其實她在擔任舊金山檢察官與加州檢察總長時對於警政改革與起訴逃學都有過保守言行；最近賀錦麗對於中美洲的非法移民也有不友善談話。就拜登的種族立場而言，他也不是全然「乾淨」的，他有「民權退縮」（p.93）、支持「三振法案」（p.106）與「反校車」（p.93）的不良紀錄。在性別意識上，拜登喜歡肢體接觸（但無意性騷擾），這當然也引起兩位自稱是受害者的女性對他指控（露西・佛羅瑞斯與泰拉・里德），不過最後都屬羅生門。

對中國態度值得後續觀察

最後，本書並未全面探究拜登的中國態度，暗示了拜登政府原本的「歐洲中心主義」與「內政優先」的傾向，這讓原本作為川普施政主軸的台灣突然消失了，對台灣人來說，是福是禍仍不確定？但其實拜登是一位資深外交官，他相較於希拉蕊，對於外交事務更加熟稔。拜登與烏克蘭總統亞努科維奇、賽普勒斯、沙國領袖甚至習近平都有多年的交情，也很理解他們。在外交上拜登是一個標準的民主黨員，不太主動搭理國外事務，喜歡撤兵，也常被認為是鴿派（如主張不對阿富汗採取行動）。拜登也願意尊重造成威權體制的歷史因素，你可以說這樣的路線富有同理心，但你也可以說如此作為姑息養奸，就像歐巴馬總統任內八年眼睜睜看著習近平壯大而不圍堵一樣。

不過，縱使過去民主黨執政已留下許多外交上鴿派與綏靖的紀錄，但是新冠肺炎之後的民主黨，與很多國家的政黨派閥一樣，不見得與以前記憶中的一樣了。也許拜登能在外界對他抗中不帶有太高期待下，反而能做出一些成果。正如拜登上任沒多久，其國務卿布林肯與國安顧問蘇利文就在阿拉斯加與中方代表王毅與楊潔篪互嗆最後不歡而散一樣，讓外界看到拜登對習近平也可以很硬的那一面。拜登極有可能接續川普的抗中路線，壓制這個已經小不下去的中國。

總而言之，本書對於拜登褒貶並陳，絕不歌功頌德，是台灣人持平了解拜登這號新任美國總統的一把金鑰匙。

推薦序（二）

拜登對中國仍然採取強硬政策，台灣該注意什麼？

陳方隅（「美國台灣觀測站」共同編輯、美國密西根州大政治學博士）

台美關係是台灣最重要的外交關係，因為長期以來（至少可以追溯到一九五〇年韓戰爆發之後以來），台灣不管是在國際政治當中的角色地位，以及國內政治與經濟局勢的發展，都和美國息息相關。因此，每次美國的大選，在台灣總是會掀起非常多的討論與關注，不只是因為美國大選的結果有可能會直接影響到整個亞太局勢的發展變化，而且在經歷川普執政的四年之後、在「中國因素」的影響力相關討論已經深入台灣民心的時候，更讓人關心。因此從二〇二〇年開始，到美國大選結束、隔年一月拜登上台以來，對於美國政治的討論一直都是媒體、社群網站上的焦點。

這本《喬・拜登》的原文在美國大選前一個月、二〇二〇年十月出版，作者是得過普立茲獎、曾經長駐中國的記者歐逸文（Evan Osnos），他先前對於中國的描寫相當精彩（例如《野心時代：在新中國追求財富、真相和信仰》）。這個時間點出版一本拜登的傳記，讀者們無可避免地會拿川普出來做對比，尤其本書第七章講到拜登決定再次參選總統的時候，對比川普的篇幅自然會比較多，這部份可能會讓部份川普的支持者感到不快。不過其實拜登這個人一直以來的特色就是，他並不是什麼有「領袖魅力」的政治人物，也很少有人會把他當成一個政治偶像，讀完這本書也不會讓人覺得他是一個能夠掀起政治旋風的人。大家只要把本書當做「認識美國總統」的一個快速入門就可以了。

本文將簡單地討論書中提到與拜登的外交政策相關的討論。

整體溫和、但對中強硬的外交政策

首先我們要知道的是，拜登是參議院「外交委員會」的資深成員，因此最常接觸的就是外交事務。他被歐巴馬選為副總統候選人的時候，其中一個主因就是希望借重拜登在國際事務上面的角色，同時也希望用他的老經驗來補足相對年輕、且在國會資歷尚淺的歐巴馬之不足。當時這個選擇可以說是讓各界都很意外，他自己也歷經了一番心境上的調整，後來決定在政務上扮演積極（但也很支持歐巴馬總統）的角色，因此在許多重大政策方面都會參與討論。

在外交上面，他過去的主張比較偏向較為克制的外交政策，認為美國的重要目標是要減少捲入區域衝突（參閱第五章）。從對阿富汗駐軍的看法來說，這點是高度延續的。拜登當上總統之後，就開始實行以前認為的需要減少駐軍這樣的看法，宣告將從阿富汗撤出部隊。不過這種所謂「克制」其實只能說是相對來看，因為他有時候也會主張要使用武力（例如一九九三年認為北約組織應該轟炸巴爾幹半島，以阻止波士尼亞人被塞爾維亞屠殺），因此無法把拜登直接歸類在所謂強硬派或者鴿派（書中歐巴馬也曾經做出這樣的分析）。

不過，針對台灣民眾最關注的美國對中政策方面，目前為止應該有很多人會跌破眼鏡。有不少人原本認為拜登是比較親近中國，覺得拜登上台之後就會親中（甚至會把台灣當籌碼賣掉）；即使是許多政策圈的人士分析，也都認為拜登會採取相對溫和的態度來對面中國，然後在台美關係方面會變得比較低調（像過去民主黨執政時一樣），把多數的合作從檯面上轉為檯面下。

然而，實際的發展是：拜登宣告要用「全政府模式」（whole-of-government approach）來面對中國，認定中國是「戰略競爭者」（strategic competitor），擴編白宮國安會的中國事務部門，新設立印太事務協調官，然後開始協調日本、韓國、七大工業國（G7）會議、以及北約（NATO）各方面，推動「關切台灣海峽穩定」的議程，將台海安全問題「國際化」。種種跡象顯示，拜登政府正努力地實現「拉攏盟友一同與中國競爭」這樣的競選承諾，並沒有如許多人預估的那樣，會回復到過去歐巴馬時期或者小布希時期採取的相對比較親近中國的政策。

拜登為什麼會對中國採取強硬手段？

為什麼會有這樣的發展？一方面是因為整個美國與中國對抗的結構並沒有改變。在中國方面，自習近平上台後展現出無比的自信，要與美國競爭世界領導者的位子，在政治、經濟各方面不斷挑戰美國。另一方面，從美國領導者的角度來看，雖然書中談到中國的篇幅非常少（只有談到拜登訪問北京期間一則拜訪餐廳的軼事，以及後來有提到大選期間拜登兒子所捲入的爭議），我們仍能從書中看出拜登身上的幾個特點，可以用來解釋為什麼他會採取對中國強硬的政策。

首先，拜登有一個很明顯的特質是「風向球」（作者歐逸文用語，第四章與第八章都曾出現過）。先前就已經有專門的研究團隊（例如專做選舉預測與量化數據的FiveThirtyEight）告訴大家，拜登在國會裡面的投票紀錄就是「最中間」的那種。書中提到拜登能夠在初選乃至後來大選勝出的關鍵在於，他能很精準地抓到「中間選民」的心。他很清楚知道所謂的左翼、進步派們的想法，認為不能隨便含混帶過（這可以解釋為什麼他和參議員桑德斯的關係較好，也順利取得桑德斯支持者們的支持），但他的施政以及訴求都是以中間選民為主。

從國際政治角度來看，美國與中國的「對抗」態勢在這幾年已經非常明顯，經歷川普執政之後，川普政府很成功地扭轉了政策圈以及一般大眾們對中國的天真想像，因此整個美國的「風向」已有絕大多數民意認定，中國就是頭號的挑戰者。在這種狀況下，最會抓風向的拜登，自然不可能會像很多人說的會做出所謂的親中之舉。

相對來說，台灣方面可能也要掌握一下現在的風向到底是什麼。例如在我們常常說的護國神山台積電和半導體產業來看，美國方面的風向其實是要振興以美國為中心的製造業，差別只在於川普喊出來「美國優先」但拜登沒有這樣喊，實際上的方向都是以美國為中心。那麼台灣方面無可避免地之後在科技業發展方面、以及產業鏈層面就會和美國有一些利益上的衝突，這個就是台灣的執政者需要先行規劃以及安排的。

另外作者提到一個拜登很重要的特質在於勇於承認錯誤，並且常常道歉。在決策方面，拜登常常會去看過去做錯了些什麼事情，並且叫大家要從過去的錯誤當中來學習。美國在歐巴馬時期的外交政策有許多常被批評之處，其中就包括了對中國太過軟弱（例：處理中共在南海填島蓋軍事基地的問題），現在中國成為美國首要競爭對象，那拜登自然也會去回顧過去那段時間的錯誤。

台灣需要注意強化與拜登的非正式連結

在個性方面，拜登另外有一些跟決策大方向比較無關，但卻非常有趣的特質，就是他很愛講話，老是可以在跟人會面的時候把話講得落落長。例如，今年五月的時候，拜登跟韓國總統文在寅在華府見面，兩人會面時間比原定時間多了一小時，不知道是不是因為有人太多話的關係？

由於小時候患有口吃，所以拜登的「照稿演出」通常都不甚理想，他本人也非常不愛用「提詞機」，隨興發揮反而可以講得比較自在，但這樣一來就常常會莫名地失言，甚至引發公關危機。在外交場合這樣「神來一筆」的話，可能就會需要一些彌補措施。

另一個重要的特色是，拜登似乎很喜歡以「個人情誼」來經營外交關係。書中提到的小故事是當他要負責處理伊拉克政務相關事情時，他常常自己繞過白宮總機，自行撥號打給伊拉克的政要朋友。而近期我們也可以看到一個例子是，在以色列和巴勒斯坦於今年五月的政治與軍事衝突危機當中，拜登的作法一開始是不斷地以檯面下的方式去和以色列總理納坦雅胡談，而不是直接公開譴責。這樣的作法常常會引起各方批評，尤其是在外交聲明及實際行動方面不夠果決。但是，注重私人關係網絡，似乎是拜登的習慣手段之一。

由於拜登在政壇活躍的時間夠長，處理外交事務的時間也相當長，因此他有很多的機會可以和外國政要建立起個人的情誼，但如果說外交事務的其中一部分是由高階領導人之間的私人交情所驅動，那沒有情誼的話該怎麼辦呢？這方面或許就會引起一些國家的外交部門疑慮或者焦慮了。

不過，這樣的「非正式」連結很可能會是之後許多外交關係需要特別分析之處。例如，在拜登上台之後，四月份首度派了外交訪問團至台灣，當時領銜的就是拜登的好朋友、前參議員陶德（Chris Dodd）。名義上這是一個「非官方」的訪問，陶德也沒有任何官職在身，但實際上陶德和拜登之間的聯結非常深，是拜登身邊最核心的幕僚成員之一，因此我們可以說這個訪團對台灣來說非常重要。

而在美中關係方面，中國由於戰狼外交盛行，先前美國多次提出要在某些領域進行合作（例如，民主黨團隊在大選期間就已經闡明，在氣候變遷方面相關議題是需要中國合作的），但中國在拜登上任後不斷地拒絕和美方對話，包括拒絕國防部長奧斯汀（Lloyd Austin）的對話請求，在美國氣候特使凱瑞（John Kerry）訪問中國時，更是直接給予閉門羹。而在美中雙方於阿拉斯加舉行的國安外交高層會面當中，中方更是罕見上演了罵人戲碼，很顯然中國現在主要的「觀眾」是在國內，連外交方面最起碼的禮儀也都不在乎了。

如果連最能夠合作以及建立聯結的領域，中國都不願意做，那麼更不用提要和拜登之間建立更好的關係。也就是說，中美關係的對立狀態只會繼續加深下去。

增進台美關係，破除「距離產生的模糊感」

跟歐巴馬和川普比起來，拜登實在很難說是一個有個人魅力的領導者，他也不像歐巴馬一樣具有登高一呼的「圈粉」能力。不過書中第四章提到一個有趣的小故事：在外交場合或者是正式會議，外國領袖跟歐巴馬和拜登同時見面的時候，一開始都會先找歐巴馬談話，因為覺得他就是一個很具有群眾光環的領袖，不過見面一陣子之後，大家就會改成圍繞在拜登旁邊跟他講話（或者，聽他講話）。

拜登的人物形象一直以來都是親切的、有時候太過囉嗦，但是是可以跟大家打成一片的那種「好人」形象。他在對內施政上面走的路線往往會是最為「中道」、最符合「風向」的那種模式，不過，在外交政策方面，這種「好人」模式是否有助於重建世界各國對美國的好感度與信心呢？從一些近期的跨國民調來看似乎是有一些成效，但我們當然還是要持續觀察美國在各方面實際的外交政策的實行成果。

我先前曾經寫過，台灣人看川普是有一種「距離產生的美感」。而身為川普競爭對手的拜登，則是「距離產生的模糊感」。台灣距離中國太近，距離美國太遠，所以任何能夠增進台美關係、促進台灣對美國政治多了解的讀物，當然都是多多益善的。

前言　人生的第二次機會

一九八八年二月十二日

一個四十五歲的中年男人——白人、三個孩子的父親——在地板上醒來，發現自己倒地在下榻的旅館中。他失去知覺五個小時，現在醒了過來，腿幾乎沒辦法動。他不知道自己為什麼會這樣，只記得幾個小時前那一陣劇痛。他在紐約的第三大城羅契斯特（Rochester）演講，演講結束，剛進旅館房間，就突然覺得頭痛欲裂，像是有人拿著刀往他頭上砍一樣。幾個月以來，他一直感到頭與肩頸不舒服。不過他不以為意，認為那是自己太勞累的緣故，服幾顆泰諾（Tylenol）止痛藥了事。那一陣子，他一邊擔任參院司法委員會主席，一邊參選黨內總統候選人提名。他後來在羞愧中退出黨內提名競選，並坦承那是自己的傲慢造成的後果。但是他的頭痛並沒有因此稍緩。

他努力爬上床去。不久助理把他送上飛機，讓他飛回德拉瓦州就醫。醫生診斷他患了顱內動脈瘤（cranial aneurysm），他腦內為腦部供血的動脈腫脹了起來。他活下來的機率很低，甚至醫院已經請來神父為他誦經，那時他太太都還沒有趕到醫院。幾個小時之後，德拉瓦的醫院將他緊急轉送到華盛頓特區，醫生警告說，動手術可能使他以後無法說話。他回答說：「如果這是去年夏天發生就好了。」

接下來的三個月他動了幾次手術，又連續發生併發症，他只能一直躺在床上。說來奇怪，他競爭黨內提名失敗，反而救了他的命。那時他要是繼續競選，在紐澤西州來回奔波，不理會身上的症狀，他也許現在連人都不在了也不一定。正當他生死未卜的時候，醫生卻得以對他說：「你很幸運。」七個月過去，他開始能夠坐直腰桿，重新開始做事。他對自己見到的第一批人說，他獲得了「人生的第二次機會」。

從那次手術到今天又三十多年過去，政壇中已經很少有人會提起它，不過，那場遽變卻是他日後人生的真實寫照：一趟旅程，旅途中屢次發生不可思議的轉折，有的是人人稱羨的好運，有的卻殘酷的難以置信。他有那種要攀上美國政治權力顛峰的雄心壯志，這一個企圖心驅使他奮鬥了五十多年。當他還是少年人的時候，有一次他女朋友（後來的第一任妻子涅莉亞・杭特）的媽媽問他以後想從事什麼職業，他回答說：「總統，美國總統。」

他的政治生涯使他曾經參與美國近代史上關鍵時刻，包括幾次種族、性別、犯罪、健保、資本主義、戰爭等方面的劇烈衝突。在過程中，他曾經犯過錯誤，試圖開脫，也付出代價。一次又一次，大家都預言他政治生涯即將完結，但是他卻又東山再起，在歐巴馬歷史性的參選中，出任歐巴馬的副手。二〇〇八年那一次民主黨代表大會，他在會中演講說：「人生中失敗在所難免，但是放棄就不可原諒。」

副總統一職是華盛頓特區大家最看不起的職位。但拜登在任職副總統期間，常常顯露出不相信自己那麼好運的神情。他一生遭逢幾次試煉，使他放下了一些不必要的自尊。有一次，一名英國大臣在私人會面中問他兩人該如何互相稱呼才適當，他有點促狹的往兩邊看一看，然後說：「看起來現在這裡沒有別人，所以你何不叫我總統先生，我叫你首相大人。」

二〇二〇年的他，已經是個身經百戰、久歷風霜的老兵，因此他的敵人，甚至連他的仰慕者都懷疑他再出馬競選總統是否明智。但是他再次叫大家跌破眼鏡，在一次對美國的未來深具意義的大選中成為民主黨提名的總統候選人。在這場這一代美國人一生中最重要的選戰、同時也是顛覆過去所有我們對美國總統大選的常識的對決中，拜登與唐納．川普捉對廝殺，競爭已逐漸失去威望的自由世界的領袖之職。

從政經驗豐富的拜登，加上一個瀕臨瓦解的國家，這樣的狀況使得拜登成為全體美國人眾目睽睽的焦點，在海內外激發了眾人的好奇，開始猜測他的出身、思想、有什麼能力，缺乏什麼能力。就在這個美國在世人眼下坦露無遺的一刻，他已經來到他的歷史時機。

第一章　亟需療癒的美國

風景秀麗的維爾明頓（Wilmington）素有德拉瓦州的「酒莊之鄉」的美譽。它位於白蘭地谷（Brandywine Valley），這裡住滿了富可敵國的杜邦家族（the du Pont）的後裔，他們的豪宅、花園隱藏在鬱鬱蒼蒼的林野當中。喬・拜登和他的太太吉兒・拜登（Jill Biden）的家位於一塊占地四英畝的斜坡上，往下可以俯瞰一座小湖。四英畝以當地的標準來說算是小的了。

大選前九十九天，我開車進了他們家車道。為了避免傳染，他的顧問把我帶到車庫房，離他們居家之處約一百碼。拜登人未到聲先到，從樓下剛上樓梯就喊說：「歡迎來家母的家。」接著我便看到他的一頭白髮從樓梯口冒出來。他穿著十分英挺的藍色禮服襯衫，袖子捲到手肘部位，鈕釦間斜插著一支筆，臉上戴著淺藍色N95口罩。

這是他獲得民主黨提名為該黨總統參選人的三個禮拜之前。當天上午《華盛頓郵報》的頭版標題是「美國的世界地位今非昔比」。新冠病毒疫情死亡人數逼近十五萬人，相當於美國人在越戰死亡人數的三倍。經濟下滑在美國史上空前快速。在俄勒岡州的波特蘭，穿著無標誌制服的聯邦人員對著抗議民眾施放催淚瓦斯。川普說這些民眾是「錯亂有病的無政府主義者、搗亂者」。他當天在推特上警告，示威者將會「毀滅我們美國的城市；如果那個『愛睏拜登』（Sleepy Joe Biden），那個左派傀儡當選的話，更糟糕。市場將會崩潰，城市將起火焚燒。」

擋在川普又四年任期之前的那個人看起來好像很高興有客人來訪。在二〇二〇年這個怪異的夏季，拜登家冷冷清清，像個修道院。他們家那一棟塞爾特式（Celtic themes）裝潢（綠色百葉窗、薊花圖案）的小房子經過擴建，現在是秘勤隊（Secret Service）的指揮所，一些身材高大魁梧的人荷槍實彈，進進出出。拜登在房間另一頭的椅子上坐下來，對我張開手示意，這是現在保持社交距離打招呼的手勢。他解釋說：「醫生要求很嚴格。」

那一天的後來，拜登夫婦要去弔唁剛過世不久的約翰・路易斯（John Lewis）。約翰・路易斯是喬治亞州的眾議員、民權運動領袖；進入眾議院之前，曾經有一次在阿拉巴馬州的賽爾瑪（Selma）被州警察打得頭破血流。他後來成為眾所公認的「國會的良心」。對拜登夫婦而言，這一次出門像是一次遠足。自從三月Covid-19封城以來，拜登就一直待在家裡，人常常不是在後院透過Zoom召開募款會議，就是到樓上的健身房，不然就是在地下室的娛樂廳接受電視訪問，鏡頭前有一面書架與一幅折疊整齊的國旗。其他兩千三百名競選幹部同樣都居家工作。

訪談開始之前，他先為我介紹了這一棟房子。二〇〇二年他的父親「老喬」（Joe Sr.）生病，他把大房子那邊的地下室重新修繕，讓父母過來住。他說：「神很眷顧他。他後來又活了六個月。」之後，我以為我媽媽會繼續住下來。」不過她卻另有想法。如今他的母親已經過世，她婚前叫珍，芬尼根（Jean Finnegan），在他口中是一個很有個性的女士。他還記得他在天主教文法學校讀書的時候，有一次一個修女嘲笑他口吃，他母親雖是個虔誠的天主教徒，卻跑去告訴這個修女說：「你下次再這樣跟我兒子講話，我會把你的頭巾摘掉。」

拜登說，珍開始守寡之後，有一次給他提了一個建議說：「喬，如果你蓋房子給我住，我就搬進來。」他說：「親愛的媽媽，我沒有錢幫你蓋房子。」他母親說：「我知道你沒有錢。但是我和你兄弟姐妹談過了，把我的房子賣了，再幫我蓋公寓。」多年來拜登一直靠政府的薪水過活，是美國參議院最沒有錢的參議員（不過離開副總統職位之後的兩年，他一家人靠演講、授課、賣書賺了一千五百萬美元）。他把他們家的車房翻新，讓他母親住進來。「我每次走進來，都會看到她坐在壁爐前面看電視。有個看護一直坐在凳子上，她一直聽她在那裡告解。」

喬・拜登說自己過去五十年來都是個「公眾人物」，不斷地從事公職，接受訪問，講故事。我上一次採訪他是在二〇一四年，談的是美國的外交事務。那時候他在白宮，川普則是在主持第十四季的《誰是接班人》（*The Apprentice*）。拜登現年七十七歲，看起來比以前略微消瘦。歲月無情地捨棄了他。不過二〇一二年競選的時候，他那「回春」得很年輕的笑容卻在推特引發了一陣熱議：「拜登牙齒白得誇張，我們要改投羅姆尼了。」他的髮際線重新長出頭髮，額頭也少了皺紋。他平常會散發一種像是「剛從體育館運動回來」的祖父的神采，事實上他確實常常運動。他講話還是那麼囉唆。前聯邦調查局局長柯米（James Comey）曾經寫說：「拜登講話總是『從A開始』，然後『朝著Z而去』。」（二〇一九年十二月拜登陣營發表了一份醫生開列的診斷紀錄，斷言以他的年齡而論，他是個「健康、充滿活力」的人。）

年齡在總統選舉中一直是個問題。川普當初就任時就是美國史上最老的總統。針對對川普的心智能力的懷疑，川普及其盟友刻意轉移焦點，反擊拜登「老糊塗」。右派電視台和推特一直在講這件事，不過拜登很少看這些報導。他沒有在看社交媒體。（和川普相較之下，拜登陣營對社交媒體的操作只是聊備一格。川普在臉書和推特總共有一億一千四百萬追蹤者，拜登只有一千萬不到。）

如果有什麼大事，他的幕僚會在每天早上的新聞簡報中放上一則推特的貼文。他每天早上都要用手機看一下新聞簡報。但他說：「我很少看留言。我寧願把時間花在了解人們當下得面對的問題。」

八月底時，距離大選還有十個星期，拜登民調領先川普平均至少八個百分點。但是大多數人都不覺得這次選舉結果會一帆風順。有些民調結果顯示兩人非常接近，若是美國經濟、國會或最高法院方面有突發事故，選情隨時都會發生變化。他說：「目前的狀況我覺得不錯。不過我知道事情會變得很醜陋，很醜陋。」當川普質疑郵寄選票的合法性，他的郵政總局長就取消了郵局部分郵遞服務，以致於一些選票將無法計入投票數當中。年紀最長的最高法院大法官露絲・巴德・金斯伯格（Ruth Bader Ginsburg）剛開始接受化療，並表示很擔心以後兩黨會為她的繼任人選鬥爭。共和黨的人在各州協助挺川普的黑人饒舌歌手肯伊・威斯特（Kanye West）列名選票當中，就有評論家懷疑這可能會吸走拜登的黑人選票。美國的情報機構也警告說，俄國會和二〇一六年的大選一樣，設計攻擊川普的對手；這一次會用電話錄音散播有關拜登的謠言，指控拜登在擔任副總統期間，曾經利用職權幫助兒子杭特在烏克蘭獲取暴利。

拜登選情雖然領先，但是他並不樂觀。他說：「我擔心他們會拖延選舉結果。你幾時聽過一個總統竟然會說『我不知道自己會不會接受選舉結果』？」

效法羅斯福，作一個進步的總統

二〇二〇年的疫情擊垮了我們美國人一向的自信。全世界最強、最富裕的國家在面對新冠疫情時，居然連最基本的反應——找口罩，做檢驗——都做不好，有些機關窮到要用舊傳真機傳送資料。白宮提出的政策像是卡夫卡小說中才會有的荒唐：一邊建議人民不要在外用餐，一邊卻提議減免商業午餐的公司稅。

二次大戰時，美國的中產階級在政策的宣導下撙節肉、糖、咖啡等基本主食，但這一次Covid-19疫情，美國卻有很多人拒絕待在家裡，也不肯戴口罩。有人外出度春假，倉儲人員、安養院看護、快遞人員則是因為「不可或缺」奉命必須返回工作崗位。華府連最基本的政治凝聚力都沒有。因為和川普意見不合，馬里蘭州共和黨籍州長賴瑞・霍根（Larry Hogan）向南韓訂購的檢驗器材到港時，怕聯邦政府會派人攔截這一批器材，只好派出州警和國民兵一路護送。

川普還曾經誇耀他扣下了民主黨籍州長各州的援助物資、器材。他自己回憶說他曾經要副總統彭斯「不要打電話給華盛頓州長」，「不要打電話給密西根那個女人」。[1]四月之時，《福斯新聞》報導，川普的女婿、疫情對策領導人之一的庫希納（Jared Kushner）宣稱政府的各項防疫措施「非常成功」。然而，四個月之後，美國人至少已經有十一萬人死於新冠病毒。

疫情期間，喬治・佛洛伊德（George Floyd）死於警察膝下的事件激發了美國歷史上第二次時代性的種族衝突——針對根深蒂固的權力結構的反省。伊莎貝爾・維爾克森（Isabel Wilkerson）在她的《種姓：黑人憤怒的根源》（*Caste: The Origins of Our Discontent*）這本書中說，這樣的反省是「無聲無息的帶領我們進入黑暗的劇院，用手電筒照著走道，引導我們一一就座。」

---

1 譯註：指密西根州長葛瑞岑・惠特默（Gretchen Whitmer）。

哈佛大學教授、社會運動家、全國有色人種權益促進協會（National Association for the Advancement of Colored People）前會長康乃爾・威廉・布魯克斯（Cornell William Brooks）將喬治・佛洛伊德遭到殺害事件比附於一九五五年艾梅特・提爾[2]遭到謀殺事件。艾梅特・提爾遭到殺害引發了蒙哥馬利公車運動[3]那場波瀾壯闊的民權運動。那一次抗議規模之大，雖然是恐懼所誘發，但是反映的卻是比恐懼還要深入人心的憤怒。布魯克斯說：「大家最受煎熬的是受挫的希望。很多人都記得『希望與變革』，但是我們後來得到的卻是憤怒和恐懼。大家受夠了。」

拜登相信，就算是從共和黨死忠支持者的角度來看，川普的領導，尤其是在處理疫情方面，顯然還是失敗的。他告訴我說：「就連支持他的人，每個人都知道這是因為他的自私，他眼裡完全沒有別人。這對人民的生活影響很大。」

然而，他也承認，這還不足以改變選民的想法。拜登描述川普的支持者，認為他們也不是受騙，也不是活該，也不是惡劣，「他們以為他當了總統以後他們生活會比較好過，」「他說『民主黨是社會主義者。他們會來把你們的一切都拿走』。我想，在某個程度上，他的支持者大約有四成是這樣來的。」

共和黨長期以來一直指控民主黨想把社會主義偷渡到美國。但是，如果要對拜登做這樣的指控，以他的職涯一向秉持「中間主義」（centrism）來說，這恐

---

2 編註：一九五五年八月，年僅十四歲的艾梅特·提爾（Emmett Till）從老家芝加哥前往密西西比州拜訪親戚，卻因為僅僅是對雜貨店白人老闆娘卡洛琳Carolyn吹口哨，就遭到她先生羅伊Roy Bryant與弟弟J. W. Milam的挾怨報復。八月二十八日深夜，兩個人強行至提爾親戚家中擄人，等到提爾被警方發現時，已經是漂浮在水上的屍體。九月十九，Bryant與Milam被起訴，但四天後，一個全部是白人的陪審團宣告他們無罪。一九五六年，兩人向*Look*雜誌坦承是他們殺了提爾。

3 編註：一九五五年十二月，阿拉巴馬州蒙哥馬利的黑人婦女羅莎·帕克絲（Rosa Parks）拒絕聽從巴士司機的命令，不肯讓位給一名白人乘客，她因此被捕與罰款。針對此不公平待遇，金恩博士等人發起了聯合抵制蒙哥馬利公車運動（Montgomery Bus Movement），持續長達一年。之後，聯邦地方法院判決在公車上進行種族隔離是違憲的，該判決也獲得最高法院的支持。這次運動的成功也讓金恩博士成為著名的民權運動代言人。

怕會很勉強。拜登加入民主黨初選，目標只有一個，那就是阻止川普的連任。他說大部分美國人都不會想要革命。先前他在一場募款餐會上承諾「不妖魔化有錢人」，還說「不會有什麼根本的改變」（網路上有人在轉傳一張紅藍白三色的海報揶揄拜登，模仿當初推崇歐巴馬的口號「希望」，但換上拜登的照片，以及一句「不會有什麼根本的改變」）。不過等到三月他確定獲得提名之後，他卻開始轉而說他參選總統是想按照羅斯福總統「新政」的規模進行系統性的改革。根據伯尼・桑德斯（Bernie Sanders）一名資深助理所說，拜登曾經在尋求桑德斯支持的電話中告訴桑德斯「我想做富蘭克林・羅斯福之後最進步的總統」。

他的改變使各方評論家大為驚異。這一次一邊有人痛批他是「社會主義傀儡」（socialist puppet），另一邊卻抨擊他是「新自由主義政客」（neoliberal shill）。對於他的左派批評者——尤其是年輕、受過高等教育、意識形態立場鮮明的民主黨員——而言，拜登根本是一頭舊時代遺留下來的化石、國家機器的擁戶者，對於改革根本漫不經心。也因為如此，他在「超級星期二」（Super

Tuesday）[4]初選出線那天，美國股市中與健保相關的公司應聲而漲。另一方面，自由主義者則是很失望，在美國史上初選參選人最多元的選舉中，最後竟然選出一個年近八十的老白男。這真的很像餐廳服務生從廚房鑽出來宣布特餐已經賣光，廚房裡只剩下麥片粥一樣。（當然，他們永遠還有老鼠藥可以選。）

美國就業家庭黨（Working Families Party）全國主任莫里斯．米契爾（Maurice Mitchell）告訴我說：「大家都說：『噢，他是個混混。』他沒有忠貞意識形態，但是意識形態對我們顯然很重要。初選時他走的是老路線，因為他想要重回歐巴馬時代的老路。」米契爾也是「黑命貴」運動的領導人。他說，拜登這一「變調」引起了進步派的注意：「他開始認識到，現今也許是重新找回羅斯福

4 編註：美國民主、共和兩黨會舉辦黨內初選來決定推派哪一位候選人參與總統大選。初選會在各州分別舉行，通常第一場初選會在愛荷華州舉辦，第二場會在新罕布夏州。在「超級星期二」（Super Tuesday）中，會有許多州同時舉行初選投票，有將近三分之一的兩黨代表會在當天投票，因此對初選勝敗有決定性的影響。

精神的時刻。他本人不是那塊料——沒有人會認為喬・拜登是進步派明星——不過，你可以從最憤世嫉俗的角度來看待他，卻也可以從最樂觀的角度來看他。」

大選接近時，我去訪談巴拉克・歐巴馬，問他對拜登「向左轉」作何感想。他說：「如果你從上方俯視喬・拜登的目標，再俯視一下桑德斯的目標，你會發現他們兩人其實沒有什麼不一樣。他們都想讓每一個人都有健保，都找得到職業，賺的錢生活過得下去。他們都想讓每個小朋友都接受良好的教育。」他說，問題之一在於策略：「問題常常在於『我們怎麼做，必須和誰結盟？』」他說：「我想，目前這一個時刻已經完成的是改變其中的某些算計，但這種改變並不是因為喬變了，而是因為情勢已經改變。」

民主黨內的世代分歧

民主黨內部的緊張反映的是兩派思想的衝突：一邊是以歐巴馬與拜登為代表的「自由淑世主義」（liberal meliorism），主張漸進、遠程的改革，一邊主張更立即的改革，即桑德斯所謂的「革命」。兩邊想要伸張的價值是互相對立的：前者著重的是現實主義策略、擴大盟友範圍，推動確實可行的政策，另一邊卻強調所有證據都已經證明一般溫和的改革根本解決不了美國嚴重的貧富差距、健保問題、犯罪與監獄問題，以及生態浩劫。

兩邊之間這種分歧不但是意識形態的矛盾，也是世代的差距。現今年輕一代的美國人是在一連串政策上的敗象中長大的，他們如今把這一段不幸的歷史部分歸咎於老人政治，那些失敗包括入侵伊拉克、卡崔納風災、二〇〇八年金融危機等等。二〇二〇年美國人年齡的中位數是三十八歲，但全體參議員年紀的中位數是六十五歲。目前的美國國會是史上最老的國會之一。參院多數黨領袖麥康諾（Mitch McConnell）在二〇二〇年已高達七十八歲，眾院議長裴洛西（Nancy Pelosi）八十歲。西頓大學（Seton Hall University）政治學教授派崔克・費雪（Patrick Fisher）專門研究人口年齡與政治的關係。用他的話來說，「從人口分布、政治、經濟、社會、科技各方面來看，目前兩個世代的差距是眾人記憶所及所有世代中最大的。」

千禧世代（millennials）是美國目前最大的世代，也是最多元的世代。他們在一九三〇年代以來經濟最蕭條的時機進入就業市場。現今二十五歲以下美國人面對的失業率是其餘年齡層的兩倍多。二〇二〇年，十八歲至卅一歲成人和父母同住的人數創下新高。二〇一〇年代，川普主義（Trumpism）開始在右派萌芽，左派在年輕人推動之下也開始萌生與之對抗的政治運動。在這些年輕人看來，上一代的美國人利用當時的政治體制剝奪了年輕一代的資源。保羅．泰勒（Paul Taylor）的《下一個美國》（*The Next America*）記述他針對美國的未來所做的人口學研究。按照他所說，二〇一四年聯邦政府平均每花一塊錢在兒童相關計畫上面，就花六塊錢在老人的相關政策上。

美國年輕人很多曾經把希望寄託在歐巴馬身上。二〇〇八年他贏得了千禧世代三分之二的選票，十分驚人。但是到了他任期結束之時，千禧世代失望地領悟，如果連歐巴馬都未能召喚各政黨採取行動，那就沒有人可以了。二〇一三到二〇一七年之間，政治組織「美國民主社會主義者」（Democratic Socialists of America）成員年齡的中位數從六十八歲降到了三十三歲。很多人開始在期待一種類似於羅斯福「新政」的社會主義。二〇一九年，在全球各地激發了氣候示威遊行的瑞典少女葛瑞塔・桑柏格（Greta Thunberg）在聯合國大會中說：「不管你喜歡不喜歡，改變都已經發生。」

我問過歐巴馬如何看待民主黨內的路線矛盾，他說那是「民主黨一以貫之的理想」。「你的黨是海納百川、容納各種意見的黨。這表示你必須容忍、聆聽、接納跟你不一樣的人，盡力歡迎他們加入。所以你不只和民主黨內的自由派共事，你也和民主黨內的保守派合作；對於各類議題，你會盡量妥協。」這種說法相當於讓視「妥協」為失敗的民主黨人挨了一記悶棍。前一年，歐巴馬評論一些事情的時候還感慨說黨內出現了「糾察隊」。他說：「那種對於『不沾鍋』的堅持、打死不妥協，還有你必須在政治上總是清醒等等的想法，你都應該趕快放下。」

拜登成為候選人之前，對於年輕人不願意參與選舉的那種冷漠感覺很灰心。他在二〇一九年批評到，在川普對希拉蕊·柯林頓競選總統期間，「年輕人待在家裡，置身事外。」可是輪到他自己競選的時候，講起這件事之時他變得客氣許多。「這一代人真的受害最深，」他說，「他們真的是美國史上最開放、最沒有偏見、最聰明、受過最優良教育的一代，結果呢？他們碰到了九一一，碰到了戰爭，碰到了大蕭條，現在又碰到這種事。這一次這種危機，這一代人真的需要有人幫助他們撐過去。」他了解他們處境的複雜。提到他二〇一五年過世的長子，他說：「我已經付清了博伊·拜登（Beau Biden）的學貸。每一次他都準時付款，但是大學和法學院畢業時，他還是欠了十二萬四千美元。」

二〇二〇年春，拜登開始說自己是「過渡型候選人」（transition candidate）。他解釋說：「我們黨內沒有留位置給年輕人，沒有給他們成為焦點的機會，以致於他們沒有成為國人矚目的焦點。他們有才華、年輕、清新，是才華洋溢的一群人。」歐巴馬白宮時期的顧問班·羅德斯（Ben Rhodes）告訴我說：「他這個觀念真的很有說服力，說的是『我是個七十七歲的老白男，擔任參議員長達三十年，我了解這個國家的侷限和本質。』他知道，不論他怎麼做，他都無法真正了解街上那些人的困境。這樣講不是在批評他，而是現實就是如此。」歐巴馬政府一名資深官員觀察到，拜登這種坦承直率含有一個很微妙的信息，那就是：「這個國家需要他媽的冷靜下來，選個平凡一點的總統。」

「日出運動」（Sunrise Movement）是一些年輕人針對氣候變遷所組成的行動組織，二十七歲的瓦西尼·普拉卡什（Varshini Prakash）是這個組織的共同創辦人。拜登意識到對於左派年輕人不能再口惠而實不至，政策必須盡快兌現。瓦西尼告訴我說：「你現在這個總統候選人一輩子都在推漸進式改革，然後他現在才發現大家已經受夠了他所代表的那個現狀，受夠了那個四十年來宰制國家的經濟體制，但他其實就一直在提倡那樣的體制，不只經濟，還有全民健保、氣候變遷、槍枝暴力、移民等問題，大家都受夠了。我認為，後來的新冠病毒把這一切問題都搬上臺面。這時候他才認識到如果他不想辦法調整自己的漸進主義，回應大家期待的更大刀闊斧的改革，那他麻煩就大了。」

建立人與人的連結

拜登坐著一輛黑色防彈的SUV去弔唁約翰·路易斯。他平日那種「在家競選」的穿著已經換成參加葬禮的正式禮服——黑外套、白襯衫、黑領帶、黑口罩。南希·裴洛西在國會的圓頂大廳迎接他們夫婦。他們自從封城以來就沒有見過面。他們邊走邊交談，然後拜登夫婦走到約翰·路易斯覆蓋國旗的靈柩之前站住。一個半世紀之前，亞伯拉罕·林肯的靈柩也曾經安放在這裡接受大家憑弔。拜登和另外一些人不久前挑戰共和黨，希望為了表彰約翰·路易斯能夠恢復「投票權法案」（Voting Rights Act），拜登說該法案「保護他願意為其犧牲性命的神聖投票權」。這項法案旨在保障少數族群的投票權，在一九六五到二〇一三年期間一直是對抗種族歧視的堡壘。二〇一三年最高法院判決國內狀況已不再需要這項法案。從那個時候開始，共和黨就一直想用各種特殊規定阻撓特定族群的投票。多數黨領袖麥康諾還在參院阻擋恢復該法案的議案。

拜登最後一次和路易斯談話是他過世的前幾天。噩耗傳來之後，他擬了一份聲明交給報社，聲明中說：「為人父母者如果碰到孩子問說要如何理解今天的世界，父母可以為孩子說說約翰．路易斯的故事。」

後來的幾天，約翰．路易斯的靈柩開始沿著幾個曾經有黑人為自由而奮鬥的地點繞行；從他們家鄉阿拉巴馬州的特洛伊（Troy）市出發，經過賽爾瑪的艾德蒙．佩特斯橋（Edmund Pettus Bridge）[5]，最後來到最近重新命名的黑命貴廣場（Black Lives matter Plaza），這裡離白宮很近。在國會圓廳中，拜登把手按在路

5 編註：阿拉巴馬州賽爾瑪的艾德蒙．佩特斯橋建於一九四〇年，以當地的三K黨領袖艾德蒙．佩特斯為名。一九六五年三月七日，金恩博士等民權領袖計畫一場遊行，要從賽爾瑪走到首府蒙哥馬利（約九十公里），向州長、著名的種族主義者喬治．華萊士（George Wallace）請願尊重黑人投票權利，結果遊行隊伍在艾德蒙．佩特斯橋上遭到警方殘酷的暴力鎮壓。這天因此被稱為「血腥星期日」。

易斯靈柩上，用手畫了一個十字向路易斯致意。

川普沒有去弔唁路易斯。路易斯有一次說他不是「合法的總統」，他反唇相譏說路易斯的選區是「犯罪溫床」。川普後來受到了一些壓力，一次打完高爾夫球，才在推特上說他很悲傷。「梅蘭尼和我都為他和他的家人祈禱」。

競選期間，面對二〇二〇年的動亂，川普頻頻顯露了無能和種族歧視的心態，反而讓拜登這個出名多話的候選人不需要再奔波來回各選區。有人說他們是故意讓川普成為鎂光燈焦點。拜登的助理有出面反駁這一點，但是到了五月，拜登終於坦承「他越多話，我越好過」。

沉默絕非拜登之所長。即使是在閒話大本營的華盛頓特區，他也是獨樹一幟。二〇〇五年，歐巴馬剛進參議院不久，有一次在參院外交委員的會議上碰到拜登滔滔不絕講個不停，歐巴馬傳了一張字條給助理，上面寫說：「一槍打死我吧！」（Shoot. Me. Now.）拜登一個曾經在職很久的幕僚回憶說，他老闆的口若懸河總是令他聽到昏昏欲睡，後來他發現活動一下膝蓋可以讓自己免於昏沉。拜登知道自己的名聲在外，有時候也會開自己玩笑。有一次上電視節目接受訪問，話講到一半，他的麥克風壞了，沒有聲音，他自己就說：「他們在白宮也是一直這樣對我。」

拜登顯然很喜歡和人建立連結；這也許是他初選勝出的一大因素。他的競爭對手，印第安納州南灣市（South Bend）前市長彼特．布提傑（Pete Buttigieg）[6]有一次在辯論會後台觀察拜登，「有的候選人會互相交談，有的候選人幾乎是自言自語，」但是拜登卻是和後台人員攀談，出主意，要不就是跑去給新進候選人加油打氣。「我想在場不管是什麼人，只要是人，他都樂於打交道，交談，聆聽。」

大選日逼近，他開始陷入一種困境：他政治上的成功從來不是來自於動人的

6　編註：他是美國史上第一位以公開同志身分參與總統大選的人。二〇二一年二月，他被拜登政府任命為交通部長，成為美國歷史上第一位公開同志身分的內閣部長，三十八歲的他同時也是拜登政府中最年輕的部長。

演說或善用社交媒體，而是因為他善於人際互動，然而新冠疫情卻使他幾乎無法建立」。這就是問題所在：原本很多民主黨人鍾意的就不是他，而是另外一個人，所以他現在連結得到的選民不知道是否足夠讓他打敗川普。

第二章　一夕之間墜落谷底

在廣大美國民眾眼裡，拜登常被視為一個「慈祥老爺爺」，拜登對於這個形象是又愛又恨。二〇一五年有一次，深夜脫口秀主持人史蒂芬・寇伯特（Stephen Colbert）在廣播中說拜登是「老好人」（nice old man），隔天就接到拜登的電話，「他說：『你聽清楚，兄弟，下次再說我是好老人，小心我親自殺去你辦公視踢你屁股。』說完他笑了出來，我也笑了出來。我告訴他：『不要擔心，我不會再說你是好老人，因為你沒有那麼好。』」

確實，拜登的熱情其實有時候讓人很不自在。他的幕僚都知道他會幫助一些傑出的人，儘管彼此之間並沒有什麼關係。他會打電話給自己職員的母親，給對方一個驚喜。但有時候他卻又很苛刻，不太理人，還會把募款這種卑微的工作丟給別人去做。他有時候對陌生人要求合照會慷慨表示感激，可是對多年來做牛做馬助他勝選的助理卻吝於說聲謝謝。他以前的助理傑夫・康諾頓（Jeff Connaughton）曾經因此感覺幻滅而離職，後來跑去當說客。他曾經說拜登是「自私的暴君」。不過他也很敬佩拜登鄙夷華盛頓特區那種腐敗的拉幫結黨。他

在擔任參議員的三十多年中，拜登為了兼顧家庭，每天搭3個小時的火車往返華府與老家，這個習慣為他贏得了「鐵道老喬」的稱號，也讓他遠離了華府的社交圈子。（照片來源：getty image）

在《收買》（*The Payoff*）這本書當中寫說：「拜登從來沒有特別通融我或我的客戶。他和國會裡大部分人不一樣，不巴結財閥寡頭，始終和財閥保持距離。」

他在華盛頓特區待了那麼久，卻從來不曾屬於技術官僚菁英。從柯林頓、歐巴馬圈子這一批民主黨主流看來，他為人津津樂道的「鐵道老喬路線」（Amtrak Joe routine）[1]既顯得太婆婆媽媽，卻又太做作。他是一九八四年華爾特・孟岱爾（Walter Mondale）[2]之後第一個沒有常春藤盟校學位的民主黨提名人。置身於一群「羅德學人」[3]和前教授當中，他常常惱火這些人自恃高人一等的作風，無論他們究竟是否真的這樣。他人本來很少在白宮西廂的辦公室，但是有一次媒體《洋蔥報》（*The Onion*）卻報導說「拜登打著赤膊，在白宮車道上洗龐帝克火鳥」，從此之後，「酒吧打烊後發酒瘋的醉漢『鐵道老喬』」之說不脛而走，久而久之，大家甚至忘了拜登一輩子其實是滴酒不沾的。（他說，他們家族有太多人愛喝酒。他成長過程中一直和他的舅舅住同一個房間。他還記得那種體驗：「即使是小孩子，我們都覺得這個寶貝舅舅喝酒兇了一點。」）

拜登缺乏安全感，這造成他性格上的某種開放性與脆弱性。儘管從事全國性公職已有幾十年，他還是碰到什麼人就一直跟人家講話。這有一部分原因是因為他一直增進自己不知道的知識。歐巴馬政府一名官員負責定期為拜登做簡報。這一名資深官員後來回憶說：「百分之九十的時間都是他在講，而且他總是一件事情重複講個不停。簡報結束以後，我們往外面走的時候，他會拍拍我的肩膀，

1 譯註：拜登的第一任妻子與小女兒死於一九七二年的一場車禍之中，兩個男孩子博和杭特倖存。在之後長達三十多年的時間裡，拜登每天都在固定時間，搭乘固定美國國鐵（Amtrak）班車來回國會及維爾明頓的家之間，兼顧工作及照顧兩名男孩子之責。這樣固定的行程後來就叫做「鐵道老喬路線」。他在這一段時間內，結識了很多站、車職員、工作人員、乘客，後來都變成了他的「群眾」。「鐵道老喬」（Amtrak Joe）是美國國鐵一名工作人員給他取的暱稱。

2 編註：：孟岱爾曾經擔任卡特的副總統，並於一九八四年代表民主黨與雷根競選，以慘敗收場。

3 編註：英國礦業大亨羅德（Cecil John Rhodes）於一九〇二年成立的「羅德獎學金」，資助各國的研究生赴牛津大學進修，是全球最難申請的獎學金之一。

說：『講得好！』聽得我一愣一愣的。所以問題就是，到底是哪一個拜登在管事？是那個誠懇開放、求知若渴的拜登？還是那個自認自己的話術和專業足以處理任何情況，所以就跟你講個不停的拜登？」

拜登的缺點是常常管不住嘴巴

多年來，拜登「失言」造成的風波不斷。有一次談到軍人在駐地受到債主騷擾的事情，他開口譴責說：「那些夏洛克占了你們的便宜。」[4]這是二〇一四年秋季的一次演講，從演講的錄影影片中你可以看到他講完這一句話之後，眼光掃視了一下聽眾，臉上瞬時閃過一絲懊惱的神色。你看得出來那一瞬間他已經發覺自己又說錯話了。莎士比亞《威尼斯商人》成於一五九六或九七年。數年之後，他在《柯利奧蘭納斯》（*Coriolanus*）這齣悲劇中藉服龍尼亞（Volumnia）[5]之口說了一句「行動最有效力」（Action is eloquence）。他曾經發現，《威尼斯商人》問世才不過幾年，「夏洛克」的形象已經深植人心，成了罵人的話。拜登說了那句話之後，「反誹謗聯盟」（Anti-Defamation League）全國主任亞伯拉罕・福斯曼（Abraham Foxman）說：夏洛克這個角色「至今還令人作嘔」。因為拜登長期以來都很支持猶太人社群，所以福斯曼就這樣看這件事情：「如果像副總統喬・拜登那樣一直對猶太人社群都十分友善，本人又如此開放寬容，都會用『夏洛克』來描述那些騷擾軍人的貪婪債主，那就可見對猶太人的這種刻板印象是如何根深蒂固了。」（拜登後來很快就為自己「選擇那種差勁的字眼」道歉了。）

然而才不過幾個禮拜，他又犯了。但這一次他是講真話。他去哈佛大學的甘迺迪學院演講，正式的談話結束後，由聽眾自由發問。有個學生問他說美國其實是不是應該早一點介入敘利亞內戰。結果他卻回答說：「**美國在該地區最大的問**

4 譯註：夏洛克（Shylock）乃莎士比亞戲劇《威尼斯商人》（*The Merchant of Venice*）當中的角色，是個見利忘義、放高利貸的猶太人。

5 譯註：本書所提莎士比亞劇作之人名，以及「行動最有效力」這句話，中譯全部根據梁實秋譯本。

題就是那些美國的盟國。」他這種說法，一般作為盟友國的都不會喜歡。他提到土耳其、沙烏地阿拉伯、阿拉伯聯合大公國，然後說：「他們在那裡投入了幾億美元經費、飛機大砲無數，只要是願意對抗敘利亞阿薩德政權的，他們都給。只不過他們給的對象卻是蓋達組織與努斯拉陣線[6]，」這樣持續的供輸造成了激進遜尼派復出。聽到他這麼說，土耳其總統艾爾段不但要求他道歉，而且還說他和拜登的關係「已成歷史」。（兩天後拜登向艾爾段道歉。）

在華府，有些事情大家只會在私底下流傳，拜登卻常常大聲嚷嚷，無端給自己平添很多麻煩。其實，對於美國的區域盟友在敘利亞所扮演的角色，他的描述大部分是正確的。美國曾經公開要求土耳其對伊斯蘭聖戰分子（jihadists）封鎖邊境，阻絕他們取道土耳其前往敘利亞。專家也不曾懷疑來自海灣國家的那些錢最後確實落入了武裝極端分子手中。華盛頓近東政策研究所（Institute for Near East Policy）的安德魯・塔布勒（Andrew J. Tabler）告訴紐約時報說：「錯誤有事實的錯誤，也有政治的錯誤」，而拜登的錯誤就是政治錯誤。

他的幕僚憂心忡忡地說，拜登常常在身邊「沒有提詞機」的時候脫稿演出而壞事。華府的政客之所以總是低估他的潛力，部分原因就在這裡。華府以外，很多美國人對他這種糗事往往聳聳肩膀，一笑置之。但事實上，回頭去看，那一次哈佛演講結束之後的閒聊造成大家都沒有看到他對外交事務相當精闢的洞見。在他的評估當中，ＩＳＩＳ、烏克蘭、伊波拉病毒等危機以及幾次區域性的緊張都和威權強權有關。他呼籲應該強化北大西洋公約組織（ＮＡＴＯ），幫助「幾個小國抵抗強權憑藉不對稱武力進行勒索和壓迫」（他指的是俄國和中國）。他描述當今的時代是「強權在各國之內及之間不可思議的擴張，已經導致嚴重不穩定」的新時代，需要「更多選手、更多元的選手參與，各國團結起來攜手合作」。

6 編註：努斯拉陣線（Al-Nusra）是蓋達組織在敘利亞的分支，已經被聯合國安理會與許多國家視為恐怖組織。

關於拜登管不住自己嘴巴的老毛病，這幾年來我找到了幾個原由，其中最大的一個問題是他有欠思慮的心直口快。二〇一四年大家為了「平價健保法案」（Affordable Care Act）吵得正兇的時候，有一次他在亞利桑那州史考茲戴爾（Scottsdale）的巴特菲鬆餅屋（Butterfield's Pancake House）外面和記者交談，然後他瞄到一名少婦自己一個人坐在那裡，他就跑過去，以為她是支持者，一直要她簽署贊成平價健保法案推出的那種健康保險，一直對著她喊說：「為你的父母而做，讓他們安心！」這一位女士只是一直點頭，沒有答話。但是拜登走了以後，她才說出她不可能簽署贊成什麼法案，因為她是加拿大來的觀光客。（「我只是不知道我要不要說出來。」）但是拜登其實有時候根本知道自己的話一講出來就會「爆炸」。有一次在白宮舉辦的防止學生遭受性侵害的宣傳活動中，他竟然對大家說，在他家鄉，「男人要是敢打女人，你就有責任要把那個人揍一頓，把他打得屎滾尿流。抱歉我這樣講話。」

他這種壞習慣有一部分是在國會養成的。總統、副總統總是眾人注目的焦點，但國會議員不是。他常說一些難登大雅之堂的話，大部分都沒有留下紀錄，所以他要是說了什麼太糟糕的話，因為周遭的人大多同聲一氣，也就不了了之了。不過，若是已經獲選為總統候選人，他以前說過的話就會回頭受到放大檢視。拜登承認，要證明自己的操守就得接受嚴格的考驗。他告訴我說：「話如果沒有先想過，我不太會說出口。我知道我這麼說聽起來不像喬・拜登。」

因為口吃而被同學羞辱，但母親很挺他

照一般所說，全名「小約瑟夫・羅賓尼特・拜登」（Joseph Robinette Biden Jr.）的喬・拜登是屬於「沉默的世代」（the Silent Generation）。他們這一代美國人出生於「大蕭條」至二次世界大戰結束之間，戰時他們年紀還太小，不足以出外打戰，戰後他們年紀又變得太大，不足以領導當時的反文化運動，總之一輩子活得小心翼翼。「沉默的世代」這個別稱在一九五九年因威廉・曼徹斯特（William Manchester）而開始流行，他形容那一代人很「畏畏縮縮」、「沒有想

像力」。然而這樣的說法並不準確，畢竟那一代人中誕生了拳王阿里、貓王艾維斯・普里斯萊、大法官金斯伯格這樣的佼佼者。

不過，比較重要的其實是這一點：你要是一九四二年在美國出生，又是異性戀白人，一般來說，你就等於是中了樂透。那個時代，因為戰爭及經濟蕭條，所以出生率低，整個世代的人口特別少，是美國史上第一個比前一個世代「小」的世代。這一個世代的人，來自父母的關心和資源比較多，上學是小班制，大學入學率比較高。羅斯福的「新政」和「美國軍人權利法案」（G. I. Bill）給了他們低利貸款、聯邦工作計畫，使得幾百萬美國人躋身為中產階級。社會學家艾爾伍德・卡爾森（Elwood Carlson）在他的《幸運少數》（*The Lucky Few*）這本書中評估他們的財富，描繪他們這個時代，說這個時代是美國的公司勞動力擴增、儲備養老金、發送股票給員工的時代；這種種措施總合起來創造了「二十世紀經濟方面最幸運的世代」。

他擁有的種種優勢塑造了他們對政府、金錢、種族、機會等事物的觀念。拜登出生後一年，E．B．懷特（Elwyn Brooks White）在《哈潑》（*Harper's*）雜誌發表了一篇文章描述他所發現的戰後美國人的一種新觀念：「美國是一個相信只要你肯行動、苦幹實幹就會有收穫的社會，但這種想法其實很傲慢，因為他的成員假設一個人的功績與成就完全來自於自己。」這一群人同質性很高，十個有九個是美國出生的白人。如同卡爾森說的，他們往往「認為他們的成功是他們自己的成就，從不思考是不是整體社會讓他們具備了成功的條件」。在政治上，他們的右翼包括「二十世紀每一代最保守的共和黨員」。

拜登有幾個方面符合這個模型，有幾方面卻不相同。他是他們家四個兄弟姊妹的老大。十歲時，因為父親工作的關係，他們家從賓州的斯克蘭頓（Scranton）搬到了德拉瓦州。他父親外號叫「大喬」（Big Joe），以清洗熱水爐、賣汽車謀生。大喬年輕的時候很有錢，但後來事業失敗了。他留在櫥子裡的一支馬球槌，還有他平日對任何他人的冒犯非常敏感，這些都顯示他曾經和富裕擦身而過。有一次他們的老闆在公司舉辦聖誕節派對，派對進行到一半時，他們老闆提了一桶銀幣過來，往地板上一倒，讓大家爭先恐後趴下去搶。「爹地坐在那裡愣了一秒鐘，」他的兒子二〇〇七年在《遵守承諾》（*Promises to Keep*）這本回憶錄中寫說，「然後站起來，牽著我媽媽的手，離開了會場。」接著他就失業了。

拜登的母親對於「地位」問題更敏感。他的妹妹瓦樂麗（**Valerie Biden Owens**）說：「她從小就告訴我們說：沒有人比你強，但也沒有人比你差。」拜登家族對街坊鄰居很堅持一種老派的「忠誠」觀念。他告訴我說：「那是維繫社會的黏著劑。不忠誠的話，你就不是個值得敬重的人。」他很喜歡說一個故事，他父親有一次被生意上的伙伴詐騙：檢察官要求大喬作證，可是大喬卻說：「那不行。我是他女兒的教父。」

拜登回憶童年時，講得最多的就是他口吃的問題。他寫說：「我講話像在打摩斯電碼，嘀嘀噠噠，嘀噠嘀噠。那種感覺很像戴著滑稽的悔過帽在牆角罰站一樣，旁邊還有幾個小朋友看我那一副蠢樣，邊看邊笑。我一直到今天還記得自己當時那種害怕、羞辱、惱怒，一切至今都還歷歷在目。」要他讀拉丁文形同把他打入地獄。他告訴我說：「我才入學三個禮拜，他們就開始叫我『智障喬』，因為我有語言障礙，不會講話」。

依照他自己的說法，他克服這個障礙主要是靠意志和毅力。從技術層面來講，要克服口吃必須靠取巧找到文字的捷徑。他舉例說：「你先學會預先知道自己會碰到什麼問題。譬如如果我預先就知道他要問費城人隊（Phillies）或是洋基隊（Yankees）的球賽，那我為什麼不倒過來自己直接問他『洋基隊打得怎麼樣？』這個我上樓來時邊爬樓梯邊就可以練習了，」說到這

拜登自幼為口吃所苦，雖然日後辛苦克服，但還是無法像一般政治人物在演講時靠提詞機發表演講，這導致他經常「脫稿演出」。口無遮攔的習慣讓他獲得了「喬大砲」的渾名。（照片來源：維基百科）

裡，他降低聲量，裝成在練習的模樣。「『洋基隊打得怎麼樣？』『洋基隊打得怎麼樣？』」另外他也開始練習朗誦整段文章——葉慈、愛默生、《獨立宣言》等等——到了中學二年級的時候，他的口吃已經好了。

沒有安全感這一項他卻沒有完全克服。這麼多年來，我屢次聽到他提起尊嚴及脆弱問題。他到現在都還記得曾經嘲笑過他的小學同學的名字。他的助手在辦公室很快就發現他很怕遇到尷尬場面。他以前的一個顧問回憶說，有一次他要拜登向歐洲的一名領導人要求協助，後來電話中那個領導人表示拒絕，這時只見拜登頓時呆在那裡：「他掛上電話，然後說：『不要再那樣設計我。達不成目的沒有關係；電話我會打，但是你要先跟我講清楚。』」

不過，純粹靠著意志力，他還是練就了發表激昂演講的能力。重要的是，他終於弄懂了要維持現場聽眾的注意力，有時候就必須脫稿演出。他寫說：「我要是發覺他們開始不專心，我就會臨場發揮，講個笑話，或是找個不專心的聽眾，對著他喊話。我可以影響陪審團，還能夠當場目睹那種效果；我後來愛上這種能耐。」這其實有點不妙。

美國政壇上一些比較厲害的演說家，如約翰·甘迺迪、紐約參議員莫尼漢（Daniel Patrick Moynihan）、比爾·柯林頓、歐巴馬等人，不是跟他關係匪淺，就是曾經給他啟發。但相較於這些人，拜登的演說才能不是天賦，而是苦練的結果。已故紐約州前眾議員索拉茲（Steve Solarz）曾經告訴他的幕僚說，有一次晚上他跑去參議院，發覺偌大的議場空蕩蕩的，但是「卻有一個人把它當作羅馬競技場一樣，站在那裡演講。這個人就是喬·拜登。這個傢伙像個球員一樣，在那裡苦練。」

初試啼聲，大放異彩

阿契米爾學院（Archmere Academy）在德拉瓦州，是一所私立中學。拜登在這所學校就讀，成績中等，但是人緣很好。他一邊上學，一邊擔任飛機地面技師，賺取學費。他曾經競選班長並當選，隔年競選再度當選。競選時他曾經藉由第三人稱自承「喬·拜登週六晚上去圖書館的次數不太多」。他至今還是會為自己的學識不足感到焦慮，所以現在的拜登對於統計數據有強烈的愛好，還讓他一頭栽進古典文學當中。（福斯曼說，夏洛克事件之後，「喬和我都同意他也許需要惡補一點莎士比亞了。」）

中學畢業後，他上了德拉瓦大學（University of Delaware）。大學時期，他愛踢足球，有一年夏天還去一間公立游泳池當救生員。他在那裡認識了年輕的黑人布瑞特·蓋茲登（Brett Gadsden）。蓋茲登現在住在附近的住宅區，是西北大學（Northwestern University）的歷史學家，從小在維爾明頓一代長大，在種族政治議題上著述甚豐。他筆下描繪的維爾明頓市剛好介乎南北之間，比較靠近紐約，離北卡羅萊納州的首府羅里市反而比較遠，但那裡還是存有種族隔離的作風，所以以前曾經有一些非洲國家駐美外交官在開車進華府的途中，會碰到路邊的服務站拒絕為他們提供服務。蓋茲登告訴我說：「維爾明頓素有『中間州』（middle-ground state）這個神奇的稱呼，象徵著它是一個想像出來的中心。而拜登會在此崛起也許並非巧合。」

拜登在抗議黑白隔離政策方面也略有貢獻。一九六一年時，維爾明頓有一家餐廳拒絕接待他的一個黑人同學，他憤而離開這家餐廳。一九六二年，他揭發當地實施黑白隔離政策的里亞托戲院（Rialto theater）。但是，他有時候會誇大自己在抗議活動中的角色（「我有去遊行。」）不過，二〇一三年時，他卻在一次紀念賽爾瑪遊行的活動中表示自己後悔當初沒有踴躍參與。他告訴在場的人說：「我在我們那一州參加，規模不大，那個州當時依然還在為徹底解除吉姆克勞法（Jim Crow）[7]奮鬥。但是我現在後悔，並且，雖然並不需要，我還是要道歉。我用了四十八年時間才來到這裡。我應該早一點來的。」

他年輕的時候有一次到巴哈馬群島度春假，在那裡認識了涅利亞・杭特（Neilia Hunter）。涅利亞在學校主修英文，父母在紐約上州開餐廳。他後來在誠

7 編註：泛指一九六五年之前，美國南方各州支持種族隔離的法律。

懇真摯的回憶錄中說，從此「我一屁股摔倒在愛河裡」。（"I fell ass over tin cup in love."）他們於一九六六年結婚。之後他吊車尾進入了雪城大學（Syracuse University）法學院。照他自己所說，他在那裡「過著既傲慢又懶散的日子」。他有一個課程必須重修，因為校方逮到他盜用了一篇法學論文整整五頁的內容，沒有註明引用出處，但是他卻告訴學校行政官說他是無辜的，因為他沒有惡意。（「我常常沒有來上課，不知道要如何引用論文。」）

他畢業時，全班八十五個人，他畢業成績第七十六名。接著他們家搬到維爾明頓郊區，他在那裡當起公設辯護人。一九七二年，短暫擔任紐卡素郡（New Castle County）議會議員之後，他鼓起勇氣投入聯邦參議員的選舉。他的民調比巴格斯（J. Caleb Boggs）低百分之三十，居於劣勢。巴格斯是二戰老兵，當時六十二歲，歷任德拉瓦州的聯邦眾議員、州長、聯邦參議員，共長達二十五年。拜登當年廿九歲，依照憲法規定，他一直到投票日當天都還沒有資格坐上他的位置。競選活動中常常有人說他是選票上那個拜登的兒子，記者還開玩笑說他的對手穿的鞋子都比他老。不過拜登卻想辦法把太過年輕轉化為他的優勢。

他強調他的年輕，用他十分上相的家人——老婆涅利亞、長子博伊、次子杭特、猶是嬰兒的女兒娜歐米（Naomi）——來助選。他推出來的競選廣告總是有一句標語說「他了解今天發生什麼

巴格斯是賓州當地的老將，從政超過25年。但拜登一方面新人新氣象，一方面懂得尊重長輩，不咄咄逼人，反而贏得選民好感。（照片來源：維基百科）

拜登在1972年大選中出乎意料地擊敗老將巴格斯，展開他長達近半世紀的政治生涯。（照片來源：維基百科）

事」。維爾明頓的《晚報》（*Evening Journal*）報導說：「拜登數落那個老守衛搞砸了多少事情之時，」和拜登同齡的一些選民「看到了『新英雄』的畫面」。他們一家人全州趴趴走競選，吸引了一些反越戰與政治冷漠的選民。

他還培養出一種本能反應，能夠清楚掌握自己批評事情的力道，不至於破壞他那突襲式競選的神秘感。在競選人辯論會上，碰到巴格斯極力在回想、一時講不出來話來的時候，拜登往往很克制，不會立刻出擊，因為，他後來說，他覺得「觀眾當中沒有人會想看到巴格斯受窘，因為那會很像棒打自家最令人敬愛的叔叔一樣」。等到巴格斯後來終於察覺拜登來勢洶洶時，已經來不及逃避失敗的命運；他這一次失敗，算得上參院史上幾次最令人意外的敗選之一；拜登僅僅比巴格斯多三千票。

一場車禍毀了一個家庭

宣誓就職前幾週，他在華府一間借來的辦公室工作。他的妹妹瓦樂麗進駐辦公室幫他上上下下打點。然而，十二月十八日這一天，拜登頓時從天堂墜入地獄。下午，他的弟弟吉米打電話來說要找姊姊講話。瓦樂麗接完電話，臉色頓時慘白。她說：「發生了一點小意外。」拜登感覺她的口氣怪怪的。他胸臆裡感覺到了：「她死了，是不是？」

涅莉亞開著他們家的白色雪佛蘭旅行車載著三個孩子去買聖誕樹。一輛大貨車，滿載玉米芯，從側面撞上了他們。涅莉亞和最小的妹妹娜歐米當場過世。兩歲的杭特頭部受傷，三歲的哥哥博伊因為骨折住院住了三個禮拜。

拜登一輩子過得一帆風順，此刻卻只想要尋死。理查·班·克雷默（Richard Ben Cramer）的《從政的代價》（*What It Takes*）是研究政治人物心理狀態的經典之作。他在這本書中論及拜登遭逢變故之後的哀傷：「全部的一切，所有的一切，所有過去的努力，都無所謂，都完了。」克雷默寫說，記者想要簡單的訪談一下這位痛苦的鰥夫，但是「喬很不舒服，像是一直想要嘔吐」。

他從小到大，一輩子都相信上帝的憐憫，但他後來卻寫說：「我不想再聽到

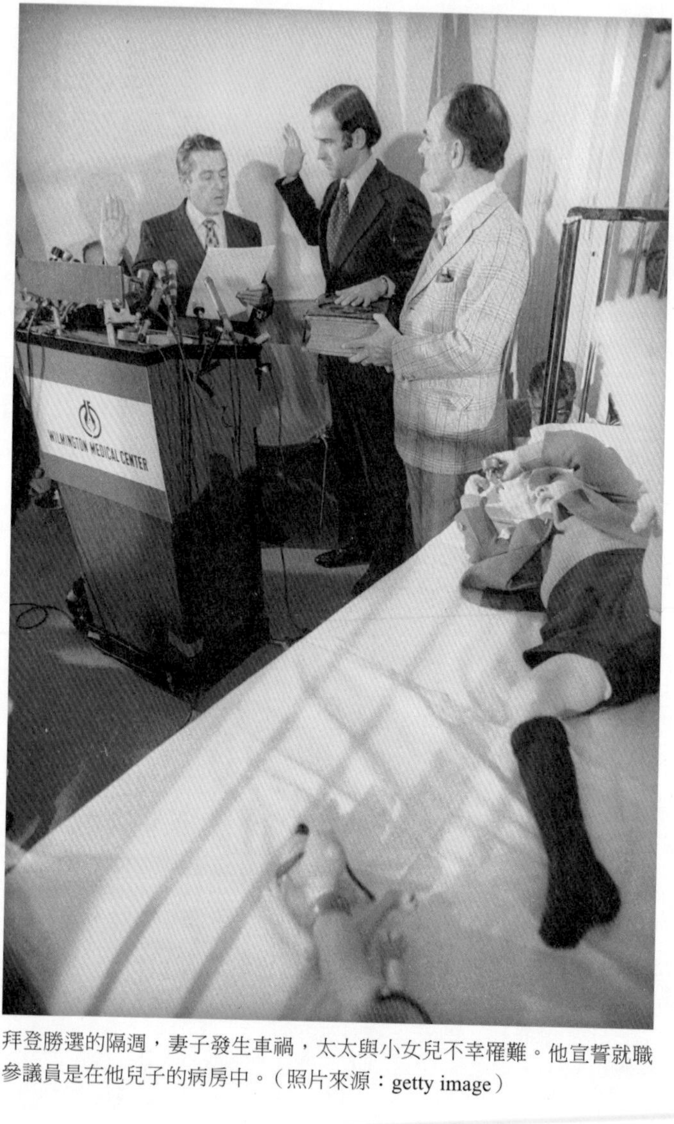

拜登勝選的隔週，妻子發生車禍，太太與小女兒不幸罹難。他宣誓就職參議員是在他兒子的病房中。（照片來源：getty image）

有人說什麼上帝恩典這種話了。說什麼都沒有用；祈禱、講道都不會讓我好過一些。我覺得上帝跟我耍了一個可怕的詭計，我很生氣。」他已經難以想像自己不久之後還要去參議院當參議員。

但是民主黨的麥克．曼斯菲爾德（Mike Mansfield）等幾個大老要求他試試看先來華府工作半年。拜登最後還是就職了，部分原因是因為他那兩個兒子。他身為父親如果無法振作，那兩個兒子要怎麼辦？他在醫院的病房宣誓就職，他大兒子博伊就躺在旁邊病床上，身上還包著石膏。

瓦樂麗告訴我說：「兩個男孩子已經失去了媽媽和妹妹，不能再失去父親。這就是他早上奮力起床的動力。」瓦樂麗後來搬來和他們同住了四年。拜登一直沒有搬離維爾明頓。他身為一名單親爸爸，開始每天搭乘單程九十分鐘的美國國鐵火車來回紐約和維爾明頓。這樣日復一日、年付一年的生活模式讓他遠離了華府的社交生活，也重塑了他的人生。

拜登最親近的顧問泰德・考夫曼（Ted Kaufman）[8]有一次告訴我說：「車禍發生六個月之後，他開始進辦公室，但是形容還是那麼憔悴，和車禍發生那一天沒有兩樣。他手指上戴著涅莉亞的戒指，戴在小指上。他戴著那一枚戒指進辦公室——噢，天啊，你知道那有多痛！」[9]

在往後數年，拜登摸索出一套平復心情的方法，和他當年克服口吃的操練法很像。他在床邊準備了紙筆，每天為自己打分數，從一分到十分，紀錄自己進步的程度。他繼承父親的信念，相信命運最終會公平對待每一個人與每一個家庭。「命運」這一本帳簿一向收支平衡。他常說：「福禍相倚。爬得越高，摔得越重。」（The bigger the highs, the deeper the troughs.）

他後來也學會了老約瑟夫・甘迺迪（Joseph P. Kennedy）的信念。老約瑟夫是約翰・甘迺迪總統的父親、波士頓甘迺迪家族的大家長，然而他一生中有四次白髮人送黑髮人，主持了四次葬禮。[10]

他曾經寫信給朋友說：「當你深愛的人離開了你的人生時，你會好奇要是他可以多活幾年，他會在那些日子裡做什麼。接下來你還會想，你自己的餘生該怎麼辦？然後，有一天，你發現世界還在運轉，你的日子還是要過，你得去做些事——那些他來不及完成的事。這或許就是一切事情的理由。」

8 編註：考夫曼從一九七二年開始就協助拜登打選戰，選上後就幾乎一直輔佐拜登至今。二〇〇八年拜登在選上副總統的同時，他也選上了德拉瓦州的聯邦參議員。他依規定辭去聯邦參議員職務之後，德拉瓦州長指派考夫曼代理兩年，直到二〇一〇年該席位由昆斯（Chris Coons）選上。

9 譯註：戒指戴在小指上，意味著不想再婚。

10 編註：約瑟夫．甘迺迪靠做生意發跡，因為結識小羅斯福總統而參與政治，曾任美國駐英國大使。老約瑟夫有九個孩子，其中四名不幸早逝。長子小約瑟夫於一九四四年死於二戰的任務中。長女凱瑟琳死於一九四八年的一場空難。次子，即美國總統約翰．甘迺迪，死於一九六三年的暗殺。七子羅勃．甘迺迪於一九六八年參選美國總統時，亦被暗殺身亡。

第三章　民主黨內的保守派

拜登一九七三年來到參議院，當時他心裡想的是他人要盡量留在那裡。當時的《華盛頓人》（Washingtonian）雜誌曾經刊出了一份新人檔案，檔案中說：「拜登參議員不相信選舉時的政治主張或議題會有什麼作用，候選人的人格和表現才是關鍵。」一九七二年年中水門案醜聞爆發，雖然調查工作持續在進行，但在年底的大選中，尼克森仍然以一面倒之勢大勝。

剛進入參議院之時，以當時參議院的政治生態，他一直很小心不讓大家認為他是自由派。當時全國性的黨派對立、分化現象是歷史上最低的，選民往往會同時支持不同黨派的候選人。一九七四年拜登因為支持民權、反越戰，獲得進步派非營利組織「民主行動美國人」（Americans for Democratic Action，簡稱ＡＤＡ）的高度評價，但是拜登不樂見如此。他告訴一名記者說：「ＡＤＡ這種評價讓我們碰到了很大的麻煩，現在我們都殫精竭慮想要找機會投票給保守派。如果真要說公民權利和公民自由，那我確實是自由派，但也是僅止於此。在其他的議題上，我大部分是保守派。我太太就說我是她見過的在社會議題上最保守的人。」

拜登曾經表態支持法院下令的黑、白學生共同搭乘的種族融合校車，但是當年夏天在一次社區聚會中，他因此被郊區白人痛罵。他因此轉向變成郊區白人的護衛者，成了民主黨內反對種族融合校車的急先鋒。這一項校車政策一經拜登反對，維爾明頓地區有一批學生變成每天要搭乘校車到一所大部分是黑人學生的學校上學，布瑞特．蓋茲登是當時這一批學生之一。他告訴我說：「這一件事對我個人和一些同學都有好處。從嚴格的政治意義而言，拜登從一九七〇年代起反對校車乘坐政策是可以理解的。但是從歷史角度來看，拜登一直故意忽視黑人兒童的憲法權益長期受到的侵害。」他說，這導致拜登「直接加入了自由主義者從民權運動退縮的行列，這股潮流從對校車政策的反挫開始，一直到柯林頓總統的三角平衡政治學時期，他這種退縮始終如是。」

拜登從早年開始就一直有人譏訕他的稚嫩、膚淺。季辛吉擔任國務卿期間，有一次遇到拜登，把這個一臉稚氣的參議員誤認為幕僚人員。季辛吉一發覺自己誤認，心不甘情不願地說：「我道歉，白登參議員，」故意亂唸拜登的名字。（拜登的回覆也不甘示弱，說：「沒問題，杜勒斯國務卿。）拜登曾經在參議院針對油井一事發表激昂的演講。但他對油井問題根本不熟，致使現場一名反對者忍不住質問他：「拜登參議員，你真的有看過快要枯竭的油井嗎？」）他以

Kamala Harris @KamalaHarris · 2019年6月28日
United States government official
There was a little girl in California who was bussed to school. That little girl was me. #DemDebate
1.5萬
2.3萬
10.1萬

拜登從政經歷中有幾個重大汙點。在1970年代，拜登曾經反對「種族融合校車」。2020民主黨初選期間，他因此被對手賀錦麗大肆撻伐。賀錦麗在Tweet上秀出她小時候的照片，說明她受益於種族融合政策。另一方面，為了團結，拜登始終克制不攻擊同黨對手。（翻拍Tweet畫面）

前的一個助理回憶說：「他受到嚴重的羞辱。從那一天開始，他就常說：『我以後都要做好準備再講話。』」

不管什麼問題，只要是想得到的，他都會強迫幕僚幫他找好答案。碰到自己不熟悉的題材，他會找學者拿資料。一九七五年五月，他寫信給曾經探討威權主義起源的政治理論家漢娜・鄂蘭：

親愛的鄂蘭小姐：

我最近讀到湯姆・偉克（Tom Wicker）的報導，裡面提到你在波士頓兩百年論壇宣讀的論文。

身為參議院外交委員會的一員，我非常渴望獲得您惠賜宏文一份。

感謝您！

誠摯的，美國參議員

小約瑟夫・R・拜登

拜登所說的這一篇論文，是鄂蘭一九七五年五月二十日在波士頓費紐爾廳（Faneuil Hall）宣讀的〈歸根〉（Home to Roost），這是她在當年十二月辭世前最後公開的證詞之一。她以她的先知之明在證詞中提出警示說，商業世界中越來越猖狂的資本主義教條——麥迪遜大街上表面冠冕堂皇的騙局、誇大其詞的宣傳、政商關係——正在賦予美國政客更多的權力去騙人。她說，自始以來有政治就有謊言，但是「以說謊為一種生活方式」在「極權統治的國家」卻越來越平常。她寫道：「當事實要歸根的時候，我們至少要做到讓它們受到歡迎。我們不要想逃到烏托邦當中，不管那是虛幻的形象、空洞的理論，還是純粹的愚蠢。這個共和國之所以偉大，就在於，為了自由，它能兼容人性的崇高與卑劣。」

說謊被抓包，搞砸了第一次參選

隨著參議院的工作漸入佳境，拜登試著重組家庭。涅莉亞過世兩年半之後，他的弟弟為他安排了一次相親。吉兒・雅各（Jill Jacobs）是德拉瓦大學主修英文的大四生，她來自費城郊區，是一名認真上進的老師。吉兒很不解這個人。她說：「我以前約會過的人常常是留鬢角，穿喇叭褲的男生，他完全不一樣。」她在當地當模特兒半工半讀，拜登在機場的廣告海報中認出她來。吉兒不想過政界的生活，不過她喜歡拜登那兩個兒子。在拜登家，所有的事情都不是一個人決定的。涅莉亞離世兩年半之後，他的兩個兒子開始問他：「我們要不要再婚？」一九七七年，經過多次提親，吉兒嫁給他。他們生了一個女兒，取名艾喜麗（Ashley），長大之後成了社會工作者。

婚後幾十年，吉爾．拜登一直盡可能維持自己原有的生活方式，後來還成為第一個繼續全職上班的副總統夫人，在北維吉尼亞社區大學（Northern Virginia Community College）教英文。我和她約在白宮附近一家咖啡館見面，她的安全人員很低調，幾乎沒有人認得她。二〇〇八年有一次，拜登因為稱讚他太太「夭壽正」而惹怒了一些女性選民。我問她如何看這件事。她說：「有時候我對他說到一些我很個人的事情會有一點不高興。但問題在於，我相信喬那麼說是真心的。」她笑著說，「沒有人會因為老公那樣說你而生氣啊？」

一九八七年之時，拜登在參議院已經有十五年，也成功化解早些年大家對他的一些懷疑。身為司法委員會的主席，他因為成功地帶頭反對雷根提名的保守派羅伯·波爾克（Robert Bork）為大法官，而博得民主黨內的好評。[1]那一年，他第一次參加總統大選的民主黨內

拜登與吉兒伉儷情深，難得的是，吉兒始終都保有自己事業的獨立性。如今，她是美國史上第一位全職工作的第一夫人。（照片來源：維基百科）

提名。不過，在眾人矚目之下，他向來缺乏的安全感和取巧心態壞了事情。他在競選演說中曾經引用了英國政治家尼爾．金諾克（Neil Kinnock）自述出身寒微的一段話。但是不久之後在愛荷華州博覽會（Iowa State Fair）上，他卻把金諾克的經歷說成自己的經歷。他告訴大家：「我的祖先在賓州東北那些煤礦坑中工作，每次要待十二個小時才能出坑。」

1　編註：波爾克在水門案的司法調查中扮演非常有爭議的角色。一九七二年水門案爆發後，參議院聽證會發現記錄白宮橢圓形辦公室內對話的錄音帶。特別檢察官考克斯（Archibald Cox）簽發傳票，要調閱錄音帶紀錄，尼克森下令司法部長李察遜（Elliot Richardson）開除考克斯。在一九七三年十月二十日所謂的「星期六晚大屠殺」事件中，李察遜和司法部副部長魯克紹斯（William Ruckleshaus）因為拒絕執行尼克森的命令，相繼辭職抗議。當時波爾克位居司法部第三號人物，他願意執行開除考克斯的命令。此外，他也明白主張，他反對最高法院內一些支持民權運動的判決。

拜登其實根本沒有什麼礦工祖先，他後來承認這是「不小心犯下的錯」。記者發現他另外還引用了羅勃・甘迺迪說過的話，但是他卻沒有說明那是羅勃・甘迺迪的話。另外記者還發現一捲錄影帶，影片中，他在新罕布夏州面對群眾時，不但吹噓自己的學業成績，還對一名質疑他的人說：「我想我的智商應該比你高多了！」他吹牛說自己在校時拿過「全額獎學金」，最後「在全班名列前茅」，但這兩點其實都是謊話。後來有人向他問起這些事情，他先是道歉，然後解釋說：「我生氣的時候講話會很誇張，不過說到自己的事情時還不至於講假話。」在國會山莊，有時候會有人開玩笑說：「甘迺迪家族引用希臘人，拜登引用甘迺迪家族。」他開始博得膨風大王的渾號。國會的幕僚之間開始流傳一份諷刺他的「豐功偉業」的履歷，上面有他的照片，還有文字說明他的成就，包括「聚氨酯和割草機的發明人」、「火箭女郎成員，一九六八」。

他在九月底停止競選活動，前後持續不到四個月。但在之後，他還是改不掉為自己擦脂抹粉的習慣。有一次他說他曾經在伊拉克「遭到槍擊」，後來被人逼問，才改說：「我就在子彈擊中之處的旁邊」。綜觀他吹噓、抄襲的紀錄，我看到的是他想把所有的故事都攬在自己身上，就算因此受窘也無所謂。他為這個缺陷付出的代價實在太大，但是他自己卻沒有誠心通盤檢討。一九八七年宣布退出黨內提名競選時，他雖然承認錯誤，但還是怪罪「總統大選的環境太惡劣，造成美國人民無法了解喬．拜登的全部，只看到我說錯的那些話」。退選後的頭幾年，對於自己競選失利，他一直歸罪於對手找碴，或新聞界嫉妒他。不過，二○○七年，他終於放棄了那些藉口。他告訴一名記者說：「真正的問題在於我的傲慢，我犯了錯誤。我不配當總統。」

黨內提名競選結束不久，他罹患腦動脈瘤，於一九八八年二月昏倒在一家旅館的房間內。不過等到九月的勞動節時，他已經重返國會。對外，他把這個事件詮釋為拜登的再生，以此來重塑自己的公共形象。不過，在實際的人生裡，他卻再次遭遇考驗：一九九一年，他主辦審查克拉倫斯．托瑪斯（Clarence Thomas）受提名為大法官的聽證會，並因此惹毛了自由派的支持者，因為當時一位曾在教育部作為托瑪斯部屬的女性安妮塔・希爾斯（Anita Hills）出面指控他對她性騷擾，而拜登不允許可能為希爾斯提供有利證詞的幾位女性作證。拜登後來投下反對票，但是托瑪斯依然以五十二票比四十八票些微差距獲得通過。拜登後來在他的回憶錄中對托瑪斯案隻字不提。他告訴針對這次聽證會寫了《奇異正義》（*Strange Justice*）的珍・梅爾（Jane Mayer）和吉兒・亞布蘭森（Jill Abramson）說他「對托瑪斯很公平。但現在回想起來，他不值得我這樣」。

拜登很努力重建自己的聲譽。一九九四年他帶頭通過了「防止婦女受暴法」（Violence Against Women Act），這一項法案提供對受暴婦女的保護措施，也使他重新獲得婦女團體的支持。[2]他很喜歡老派的密室交易與兩黨協商，那有助於大家互相交換意見，求得彼此間某種程度的一致。他在政壇廣結善緣，朋友很多，所以他是唯一獲邀在前種族隔離主義者史莊・瑟蒙德（Strom Thurmond）[3]、亞利桑那州共和黨參議員約翰・麥肯、紐澤西州民主黨參議員法蘭克・羅騰伯格（Frank Lautenberg）等人葬禮上講話的參議員。羅騰伯格總是

2　編註：在「防止婦女受暴法」通過之前，美國社會不太重視家庭暴力，警察通常把婦女受到的毆打視為「家庭糾紛」，不太想插手。但事實上，以一九九一年為例，全美有五千七百四十五名婦女被殺，兇手有一半是配偶或親密伴侶。同時，家暴案件不受聯邦政府管轄，因此罪犯可以逃到別州，便不會受到另一州法律的制裁。拜登對此相當震驚，並於一九九〇年開始推動此案。此案通過後，許多保護女性的措施因此得以施行，包括要求各州政府承認他州所頒布的保護令、家暴或性暴力事件提高至聯邦訴訟層級、鼓勵州政府強制逮捕施暴者、提供資金開設法官教育訓練課程、補充性別暴力相關知識，並且資助性暴力暨家暴危機處理中心。其效果非常顯著：美國司法部的數據指出，親密伴侶之間的暴力事件在此之後十多年間，下降了百分之六十四。拜登曾謂「防止婦女受暴法」是他從政多年來在「法治領域最驕傲的成就」，當時他是參議院司法委員會主席，他首先提出想要立法。參考資料來源：〈《防止婦女受暴法案》二十五週年：改變美國社會看待性別暴力的重要立法〉《關鍵評論網》，網址：https://www.thenewslens.com/feature/timefortune/125077

3　編註：瑟蒙德於一九五六年到二〇〇三年擔任南卡羅萊納州的參議員，在位四十八年。卸任時，他不但是當時擔任美國參議員最久的人，高齡一〇一歲的他也是美國國會兩院史上唯一一位在位時年紀破百的人。一九五六年，他與其他九十九位國會議員寫下「憲法原則宣言」，譴責撤除種族隔離是違憲的。隔年，他為了阻止民權法案的通過，發動了史上最長的「費力把事拖」：一個人占據參議院演講台持續發言二十四小時又十八分鐘。一九六四年，他繼續反對民權法案，反對取消種族隔離，反對黑人投票權。諷刺的是，他過世之後，眾人才知道他年輕時曾與家中黑人女傭私通並產下一子。

叫他「唯一的天主教猶太人」。他曾經告訴我說：「你在政界向他們要求什麼事情，他們會說『好』。不過，等到他們要開始做的時候，雖然環境已經改變，他們還是信守承諾，照做不誤。」

他不喜歡參議院新來的鬥性堅強的成員。他告訴我說：「那些人不尊重參議院的體制。我這麼說，意思是他們想把參議院變成眾議院。我永遠忘不了，」在柯林頓時代「第一次聽到有人在參議院議場稱呼總統為『芭芭』（Bubba）[4]時那種感覺。」議員不只是拋棄了一些莊重的禮儀，甚至把個人的政治算計置於公眾利益之上。他說：「如今，承諾變成可以昨是今非的東西。」講完這一句話，他用演默劇的語調，模仿國會裡某位唯利是圖的議員：「我知道我**以前**是怎麼跟你說的，但是**現在**，天啊，我遇到麻煩了，我不能幫你了。」

有些立法讓他相當懊悔……

拜登在參議院多年累積的紀錄，在今天的進步分子看起來，簡直就是罄竹難書。他贊成而有重大爭議的法案包括：對華爾街放寬管制、捍衛婚姻法案（Defense of Marriage Act）[5]、北美自由貿易協議（North American Free Trade Agreement）以及伊拉克戰爭。二〇二〇初選期間，麻州參議員伊莉莎白・華倫（Elizabeth Warren）批評他的立法觀點「站在信用卡公司那一邊」。社會主義的《雅各賓》（*Jacobin*）雜誌曾經以一九九四年賣座巨片《阿甘正傳》的主角阿甘為榜樣，形容拜登是「民主黨內向右轉的阿甘」，意指他在二十世紀美國幾次重大事件中都有參一腳。

不過，拜登的紀錄中最困擾他的一件事莫過於一九九四年負責草擬犯罪法

4 編註：芭芭這個暱稱在美國南方以前的蓄奴州裡，指的是南方沒有受過什麼教育的白人男性，他們多少帶點種族偏見。本來共和黨想用這個柯林頓的小名攻擊他，但事實上柯林頓是一個受過高等教育、常春藤盟校畢業的南方白人，跟芭芭很不一樣。

5 編註：捍衛婚姻法案是柯林頓政府於一九九六年通過的聯邦法案，它規定美國聯邦政府只承認一男一女之間的婚姻，並授權各州可以不承認其他州允許的同性婚姻。該法案中的許多條款分別在二〇一三年與二〇一五年被聯邦最高法院判決違憲。

案。這一次立法是美國史上這一類法案中規模最宏大的一次，它還因為弄了一個聯邦「三振出局法」（three strikes law），鼓勵加長刑期，還提撥數十億美元經費給幾個州興建監獄[6]，釀成了後來「大規模監禁」問題。[7]

這個議案當時曾經獲得民主黨內某些左派的支持，包括伯尼・桑德斯本人，不過桑德斯現在說的卻是「我過去不該贊成這一項可怕的法案」。某些黑人政治領袖，如南卡羅萊納州的眾議員詹姆斯・克萊

1994年，拜登擔任參議院司法委員會主席期間，草擬推動了「1994犯罪法案」，該法旨在遏制90年代美國日益惡化的犯罪問題，但由於立法過程中的瑕疵，最後反而導致美國入獄人數大增，尤其是黑人男性不成比例地大量被監禁，導致該法備受批評。（照片來源：維基百科）

本（James E. Clyburn），也支持該法案。克萊本則是從痛苦的經驗中發現，他的黑人選民沒有像自由派的白人那樣支持這項刑事犯罪改革。所以，一九九四年他才在一次市民代表大會上說，他對治亂世用重典這樣的手段持懷疑態度。他不久前告訴我說：「那一次市民代表大會我苦不堪言。在場每一個都是黑人。古柯鹼是黑人社區的禍害。他們希望能完全清除古柯鹼，因此展開嚴厲的掃毒作戰。

---

6 編註：一九九四年的犯罪法案全名為「暴力犯罪控制和執行法案」（Violent Crime Control and Law Enforcement Act），拜登是當年的起草人之一。其內容包含出資贊助各州興建監獄、雇用更多警察、擴大聯邦死刑等等。法案的目的在於遏止九〇年代美國日益惡化的暴力犯罪問題，也受到民主、共和兩黨，尤其是許多非裔議員的支持。然而，在法案通過的過程中，刪除了犯罪防制的預算，而著重在懲戒之上。隨著美國犯罪問題的持續惡化，尤其是黑人在執法過程中經常遭受到不公平的待遇，該法也備受質疑。

7 編註：據估計，二〇一六年底，美國約有將近兩百三十萬人在坐牢。美國人口占世界人口的百分之五，但坐牢人口卻占全球的百分之二十五。平均每八位成年男性就有一位做過牢，或犯下不需入獄的重罪。

所以本人以及國會黑人黨團的幾個人才會贊成一九九四年的犯罪法案。」克萊本和拜登一樣，一直對該法案包含的防止婦女受暴法、禁止攻擊性武器、社區警力經費、毒品法庭引以為傲。不過，一九九四年秋季，共和黨掌握了眾院，克萊本出面指責他們在眾院所做的一些改變。他說：「他們剔除了事前的預防，只留下事後的懲罰性措施。」拜登也有類似的懊悔。去年他曾經說：「我知道我們並沒有做到面面俱到，但是我們盡力了。我那時候認為專家有跟我們講過那個毒品是一種完全不同的東西，你一旦沾上一輩子就毀了。事實上它沒有什麼不同，但是整整一個世代卻深陷其中。」

耶魯大學法學教授小詹姆斯・佛爾曼（James Forman Jr.）的著作《困住我們自己》（*Locking Up Our Own*）以刑法及種族政治為主題，後來獲得了普立茲獎。他在書中認為導致大規模監禁問題的是「長時間裡，不同的政治行動團體許多小決定累積下來的結果」。但根本來說，這可以回溯到他所說的「責任的政治」（politics of responsibility），亦即一種關於「個人紀律」的理論，它與「沉默的世代」及戰後嬰兒潮世代的個人主義相呼應，民主黨的高層大多相當推崇。一九九三年，比爾．柯林頓在就職典禮中就誓言「提供給所有人更多的機會，但也要求每個人更多的責任」。

但這句話的靈感來自於共和黨的戰略。一九八〇年代末，民主黨已經在之前的六次總統選舉中吃了五次敗仗，因而柯林頓等民主黨內的新生代早已接受了「個人責任」這種措辭，試圖明確劃分誰有資格領取社會救濟，誰沒有。雷根總統曾經主張「我們絕對不會放棄那些『沒有犯錯的人』，我們得幫助他們」。這一句「沒有犯錯的人」（through no fault of their own）最先是出現在保守派總統柯立芝（Calvin Coolidge）和胡佛（Herbert Hoover）的措辭當中，但是雷根用得比任何一位前總統都更頻繁。但根據哈佛政治哲學家麥克．桑德爾（Michael Sandel）的計算，柯林頓用起來卻又是雷根的至少兩倍多。一九九五年，華盛頓特區聯邦地方法院第一個黑人檢察官艾瑞克．霍爾德（Eric Holder）發動了「停火行動」（Operation Ceasefire），鼓勵特區警察攔檢車輛，搜查槍械。這個政策是後來的「攔截與搜身」（stop-and frisk policy，亦譯作偵察性攔截）的前身，但當霍爾德後來擔任歐巴馬政府的司法部長時，他卻譴責這個政策。一九九五年，他在一次社區會議中說，「我不是不知道，那些會被攔截的十之八九都是黑人青年男子」。[8]

克萊本反省當年所做的幾次決定，表示他們當時並非想「把罪犯通通關到牢裡，只是想要回應人們的期望」。「責任的政治」除了催生犯罪法案之外，也激發了一九九六年的福利改革以及破產法的訂定。福利改革限制了聯邦政府對窮人能做出的救濟，而拜登所支持的破產法則使美國人更難透過宣告破產來解決債務問題。

另一方面，強調責任及問責性對金字塔頂端的菁英卻產生了相當不同於一般老百姓的效果。柯林頓競選的時候曾經承諾要節制各大公司CEO的薪酬，也就是要限制公司從他們應繳稅款中扣除薪資報酬額。不過在選後國會通過的議案中，他的顧問卻在這項議案中安插了一個漏洞，在各種限制項目中豁免了認股、分紅等「績效薪資」。結果就是眾CEO的薪酬反而大增，因為這時公司反而提撥了更大筆的「績效薪資」。拜登後來很後悔贊成這一項議案。「這項法案當時聽起來合情合理，但是它後來在執行上卻在市場誘發了一種反應，『好，我們把自己的股票買回來，拉高其價格，再用股票當作薪水付給我。』」（二〇〇八年金融危機之後的第一年，美國前二十大銀行的高級主管總共獲得將近八億美元以股票給付的績效薪資。）

有一次我請有色人種權益促進協會前會長康乃爾・威廉・布魯克斯針對拜登的政績做一個評價，他的結論就跟拜登歷來的心境一樣，高潮迭起，有褒有貶。布魯克斯說：「他忠心、傑出地輔佐美國史上第一個非裔美人總統，這受到大家的肯定。但他帶頭通過犯罪法案，這要記上一筆。他們不滿他在種族融合校車上

8　編註：艾瑞克・霍爾德畢業於哥倫比亞大學法律學院。在歐巴馬競選期間，他擔任歐巴馬的資深法律顧問，同時也是副總統候選人拜登的核心幕僚。他在二〇〇九年成為美國史上第一位黑人司法部長。

的立場，但是他們又會從整體的歷史發展來看他，認為他的優點在於誠懇。對於民主黨的進步派而言，拜登那些讓人最不安的地方，就是民主黨讓人最不安的地方。」

吉兒的鼓勵讓他決心加入歐巴馬團隊

即使以華府的標準，他對政治的熱衷也可以說是永不饜足。緬因州來的民主黨參議員喬治・米契爾（George Mitchell）在一九八九至一九九五年間擔任參院多數黨領袖。他那時候很不高興的是他的很多同事都對拉票工作興趣缺缺，因為選民看不到這些工作。「通常是，參議員會跑來找我這個多數黨領袖，說：『現在有個麻煩，你能找到足夠的票數來支持嗎？』說完就跑去吃飯了。」但是拜登不一樣。米契爾還記得有一次拜託他打電話找每一個待在家裡的民主黨參議員，然後幾個小時之後他再跑回來問他打給幾個人了，結果，「我已經打給八個人了，他還在第二個。」「我就說：『喬，我知道你是想把話說清楚，但是你必須長話短說。』」

二〇〇七年，拜登二度競選提名。辯論的時候，他表現很好。問他說他「有沒有『不要多話』的紀律」，他回說「有」，隨即閉口。但是要他募捐，他卻沒募到什麼錢，而且還急忙脫隊。彷彿他在這次競選中唯一會做的事情就是巴結歐巴馬。歐巴馬也在競選提名，拜登形容他「口才好、聰明、乾淨、長得帥」。拜登為此膚淺的讚美受到批評，歐巴馬為他辯護說：「我絕對不懷疑他的善良，還有他對在這個國家推動種族平等所做出的承諾。」

事實上，拜登的競選策略讓歐巴馬印象深刻。他開始打電話給他，要求諮詢國安及外交事務問題。拜登在一場委員會聽證會中，幫歐巴馬準備了一些問題讓他詢問大衛．佩卓斯（David Petraeus）將軍。[9]歐巴馬會中的表現後來備受

9 編註：佩卓斯是美國退役陸軍四星上將，曾任中央司令部戰區總司令、駐阿富汗部隊總指揮官，與中央情報局長。在中情局長任內因為婚外情醜聞曝光而下台，成為史上任期最短的中情局長。

讚揚。

另外，歐巴馬也很讚佩拜登的海外關係之深。米契爾還記得以前在國會山莊歡迎來訪的外國元首時，他會幫來訪的元首介紹說「這是史密斯參議員，這是瓊斯參議員……」每次介紹到拜登時，話還沒出口，就聽到來訪元首看著拜登說：「嗨，喬！」他在處理外交事務時與面對國內政治一樣，會積極尋找合作伙伴。他以前的副國安顧問茱麗安・史密斯（Julianne Smith）說：「你可以把他丟到哈薩克共和國、巴林王國，都沒有關係；他都有辦法找到一個他三十年前認識的死黨，現在是當地的一方之霸。你是什麼政治派別都沒有關係。他認識的人有保守派，有社會民主黨，因為，三十多年來，那些人每個都來過參院外交委員會。」

歐巴馬獲得提名之後，打電話給拜登，問他是否願意接受考核，好列入副總統可能人選。拜登拒絕了，還反問助理說，你說得出林肯的副總統是誰嗎？不過後來他太太吉兒・拜登卻要他重新考慮。她告訴我說：「我很氣喬治・布希害我們陷入戰爭。對我來說，這場戰爭毫無意義。」她曾經要她先生競選總統，因為，她說：「你必須結束那一場戰爭。」所以現在能做副總統也是個機會。她又說：「喬當初是為了民權問題而從政，從那個時候一路走來，才來到了這歷史性的一刻，美國有可能會選出史上第一個黑人總統，而喬又是其中的要角，我覺得這簡直就是童話故事。」

只是有一個問題。她說：「要他作副手是什麼感覺？要他從旁協助另一個人，他做得到嗎？」拜登從來不曾為誰工作，所以不知道自己行不行。他跟他的朋友說到他們夫妻在思考是否要參選時的關鍵對話。拜登問吉兒說：「這樣我該怎麼處理？」她回答說：「你長大點吧！」

第四章　意外成為歐巴馬的好朋友

總統、副總統的搭檔常常是趕鴨子上架，為形勢所逼才形成的組合，拜登和歐巴馬尤其是貌合神離的一對。以政治人物的角度來看，歐巴馬對自己吸引來的仰慕常常表現得淡然以對，拜登則是跟每一個人都握手、勾肩搭背，甚至雙臉相貼。他們兩人年齡差距十九歲，彼此之間行事風格差異之大如同大峽谷。歐巴馬以專業學養見長，拜登是直覺型政客。歐巴馬的父親來自肯亞，出生於夏威夷，曾在印尼生活四年，崛起於芝加哥政壇，屬於一九七〇年代嘗過大麻、古柯鹼的滋味的孩子。相反的，拜登在成長過程中有一個完整、典型的家庭，父母健在，有三個弟弟妹妹，固定會做禮拜：「爸爸會給我一塊錢，然後我就騎腳踏車去克特樂藥房帶半加侖的布瑞爾斯冰淇淋回來。回來之後，我們全家六個人就一起在起居室看《靈犬萊西》（*Lassie*）、傑克本尼秀（Jack Benny）、《蘇利文劇場》（*Ed Sullivan*）。」

歐巴馬找拜登當副手，有一些民主黨人覺得很不解。歐巴馬當上美國總統，眾所公認將開啟美國政治新世代的一章。前喬治亞州州長候選人、推行投票權的運動家史黛西．艾布蘭斯（Stacey Abrams）稱歐巴馬的當選是「新美國多數」（new American majority）的勝利，而所謂的「新美國多數」指的是「有色人種、年輕人、中間至進步派的白人」的聯盟。在民主黨內的第一場初選愛荷華黨團會議中，拜登的票數不到百分之一，但是歐巴馬欣賞他辯論時那種奮戰不懈的表現，知道他認識很多外國領袖，並且在華府人脈很廣。另外，如同歐巴馬的首席策士大衛．艾克斯羅德（David Axelrod）對我說的，拜登「在文化和地緣上都很有優勢」，讓中西部年長一代勞工階級白人開始喜歡歐巴馬，要不然他們原先可能不會覺得那個黑人前社區工作者能代表自己。

艾克斯羅德覺得拜登有一股一般的政治語言難以形容的力量。他在副總統可能人選的考核過程中曾經去德拉瓦州找拜登，觀察他和家人相處的情形。艾克斯羅德回憶說：「他和博伊在講話，然後說：『我晚一點再來看你們，孩子。』我記得他親了一下博伊，然後說：『我愛你。』」艾克斯羅德回華府以後告訴歐巴馬說：「這一家人很與眾不同。」家庭，在華府政客手中常常是道具，不過拜登家不一樣。艾克斯羅德告訴歐巴馬說：「那不是同一回事；那是真的。我不知道要如何在選戰中運用它，但它確實是一個加分。」

他們花了一些時間磨合。拜登看歐巴馬幾個年輕的幕僚不順眼，歐巴馬的助理擔心拜登講話不經思慮。這一位副總統不習慣提詞機。因為口吃的毛病，他可以即興講話，但是照稿唸就很吃力。他有時候會請幕僚撰稿，但是卻不校稿。歐巴馬陣營有幾個人稱呼他為「喬大砲」（Joe Bombs）。有的時候是他雖然嘴巴這樣說，但不是真的認真的（譬如他曾說：「各位，我可以告訴你們，我認識八個總統，其中三個可以稱兄道弟。」）有時候是確有其事，但是他不應該講出來。

在南費城（South Philadelphia）的競選活動中，當時的賓州州長艾德・藍道爾（Ed Rendell）發現工人在架設提詞機給拜登用，覺得非常驚訝。「我說：『喬怎麼會有提詞機？他從來不用。』他們偷偷地告訴我說：『歐巴馬那一邊的人要他照稿唸，免得出錯。』」二〇〇九年二月，就職典禮之後，拜登跟一群人說在經濟方面有「百分之三十的可能我們會搞錯」。一名記者跑去問歐巴馬，他回答說：「我已經不記得喬指的是什麼事情。不過是他就不意外。」

在白宮吃午餐的時候，拜登提起了公關問題，說分裂會使雙方都受傷。歐巴馬表示同意，並且承諾自己會謹慎發言。歐巴馬的幕僚長拉姆．伊曼紐爾（Rahm Emanuel）後來回憶說：「副總統要求一件事，那就是，他永遠可以發表評論，不會被禁止發言。他是房間內最後一個跟歐巴馬講話的人，且總統必須信守承諾。」同樣的，拜登也說：「總統要求的協議是，我們雙方都承諾，不管心裡有什麼話，無論對方做了什麼事讓自己不舒服，都要說出來。」

德拉瓦州人口只有休斯頓的一半。拜登四十幾年來一直是該州最有名的政治家。他在當地競選參議員時，很多汽車保險桿的貼紙就印上「喬」（JOE）簡單一個字，人氣不言可喻。但是一旦進了白宮，他就必須扮演有目標、有建設性的角色。美國的副總統這個職位，一直到近年以前，始終沒有什麼實權。一八四八年，丹尼爾．韋柏斯特（Daniel Webster）就曾經拒絕這個職位。他說：「除非真的死了，躺在棺材裡，我不準備就此被埋沒。」柯立芝當年在這個位子上的時候，頗為自豪的是他晚上可以睡上十一個小時。不過，在二次大戰之後這幾十年間，由於白宮決策的速度已經加快，職掌範圍也已經擴大，因此副總統的權力也跟著水漲船高。雖然副總統的職責沒有明文規定，但是每一任在職者都有辦法開拓出自己的一片天空，譬如高爾在環保、政府改造議題上找到自己的舞台，錢尼致力於國防、能源等後來他助理說的「鐵桿議題」。

拜登上任之初，本來也準備走林登・詹森的路線。詹森和他一樣，長期任職國會，後來追隨的也是比自己年輕的總統。不過拜登後來讀了羅伯特・卡洛（Robert Caro）寫的四卷大部頭著作《權力之路》（*The Years of Lyndon Johnson: The Passage to Power*），才知道詹森其實挫折感很大：「不管是豬玀灣事件，還是古巴飛彈危機，都沒有人問他的意見。他被排斥在核心之外。」

以拜登的政治詞彙來說，什麼事情都比不上「在核心之內」重要。所以他就放棄了詹森模式，開始走孟岱爾模式。孟岱爾在吉米・卡特麾下，拒絕接受一些瑣碎的任務，還把副總統辦公室從艾森豪行政大樓（Eisenhower Executive

Office Building）搬到白宮西廂。孟岱爾告訴我說：「我的職責是擔任總統的總顧問。」他和拜登一樣，在國會待了三十多年，所以現在他試著讓自己成為國會與欠缺國會關係的總統之間的橋梁。「歐巴馬很嫩。他在聯邦政府待的時間不長，」孟岱爾說，「當然，他很成功。但是他不擅長這些事情，喬就很適合。這個洞要由他來補。」

拜登決定參與競選副總統時，唯一的要求就是他要在每一件重要的事情上面「在核心之內」，不能讓他找不到總統，他的意見理當被考量。歐巴馬除了同意他這個要求，還說：「喬，我需要你的觀點；不是每六十分鐘需要一次，而是每十分鐘就需要。」

廣結善緣，成功推動跨黨派合作

拜登的辦公室就在白宮西廂，走十七步就到橢圓形辦公室。副總統辦公室的布置很像一般常見的旅館：黑色木材、厚重的窗簾、海軍藍牆壁、地毯。牆上掛著美國史上最初的兩位副總統的畫像：約翰・亞當斯和托瑪斯・傑佛遜。（亞當斯曾經埋怨說副總統是「人類曾經設置的最無足輕重的職位」。）不過，拜登的看法卻比較細微。有一天去白宮訪談他，中午在他辦公室吃飯時，他說：「那都要看總統的表現如何。」他就任之初曾經認為自己的辦事能力應該比一個年輕、沒有的經驗的總統強。不過六個月之後，在一次盤根錯節而又沒有什麼政治紅利的金融危機當中，看到歐巴馬那樣指揮若定，便不得不自嘆弗如。「我相信歐巴馬的領導有效地阻止了更漫長、更全面的經濟蕭條的出現，」他告訴我說，「身為領導者，做父母的、政治家、大主教，不管是什麼身分，最不容易採取的行動就是遏止壞事的行動，因為你沒有辦法證明自己是不是真的防止了事情的惡化。」

拜登每天早上穿過大廳來到橢圓形辦公室和總統一起聽取情報及經濟方面的簡報。總統還曾經公開邀請他參加總統、國務卿及國防部長的定期會面。拜登曾經批評錢尼攬權，但是他自己到了白宮，有一些做法卻是效法錢尼。錢尼之前，副總統沒有固定參加白宮的「首長會議」（Principals Committee），這是總統和所有高層的國家安全助手的會議，但是錢尼幾乎無役不與，拜登則是大約參加了三分之一次數。[1]

在歐巴馬對拜登建立足夠信心之後，開始把某些最敏感的工作交付給他。有一次，白宮需要國會通過一筆七千八百七十億元的振興經濟方案，伊曼紐爾要求他打電話給六名共和黨參議員進行溝通。他爭取到其中三名參議員贊成，結果後來法案就是因為有這三票而通過。歐巴馬提名索尼雅·索托麥亞（Sonia Sotomayor）出任大法官，拜登在資格審查聽證會召開之前為她做了一些指導，還帶頭遊說賓州共和黨參議員阿倫·史派克特（Arlen Specter）跳槽民主黨。另

1 編註：白宮的國家安全會議（National Security Council）之下有三項機制：首長會議、次長會議、與八個政策協調委員會（Policy Coordination Committees）。參與首長會議的人包括：國務卿、財政部長、國防部長、司法部長、能源部長、國土安全部長、白宮幕僚長、國家情報總監、參謀首長聯席會主席、中情局長、國土安全顧問，以及美國駐聯合國大使。

外拜登還曾經協助搞定平價健保法案（Affordable Care Act，亦俗稱「歐巴馬健保」）的贊成票；平價健保法案是繼林登・詹森「大社會」（Great Society）政策之後美國企圖心最為遠大的社會福利立法。

歐巴馬要求他監督振興經濟基金的支出，管理地方及州的各種利益。拜登曾經開玩笑說他是政府裡面唯一無法開除的人，而且還決心在白宮內部的爭論中保持有話直說的風格。他二〇一一至一三年的幕僚長布魯斯・瑞德（Bruce Reed）說：「每一任總統都會說，橢圓形辦公室最難得的東西就是真話，完全不加修飾的真話。講真話總是沒有人欣賞，但是總統身邊每一個人都應該扮演這種角色。」

在政策方面，歐巴馬和拜登兩個人偶有爭論。二〇一一年，政府計畫規定天主教醫院等一些機構必須將避孕措施包含在平價健保法案之內，拜登表示反對，認為這會使政府失去勞工階級的選票。歐巴馬幾個政治顧問卻認為拜登這種政治認知已經過時。不過，在表面的歧異之下，拜登和歐巴都有一個共同的基本信念，那就是，美國人現在很渴望政治上的團結。歐巴馬競選總統之時曾經呼籲，大家要注意美國各方面的社會凝聚力已經鬆脫。二〇〇八年，他告訴群眾說：「我說的是很多人缺乏同理心，是我們已經沒有辦法在別人身上看到我們自己，不了解我們每個人都是自身兄弟的守護者、自身姊妹的守護者；用金恩博士的話來說就是，我們不知道我們大家穿的是同一件命運的衣服（single garment of destiny）。」

拜登的看法比較務實。他告訴我說：「就說，下次《當仁不讓》（*Profile in Courage*）[2]要是再版，我絕不會期待哪一個我在打交道的外國領袖，哪一個參議員同事，哪一個國會議員會自願出現在裡面。政治人物要的不只是死後名垂青史。你要想的是他們的利益。」可是，拜登在打政治算盤的時候，有時候卻把他

2 編註：《當仁不讓》是甘迺迪總統在一九五六年出版的一本小書，書中記錄了歷史上八位美國參議員因為堅持自己的良知，在違背其政黨和選民的意見下，做他們認為正確的事。

自己推到了進步派那一邊。二〇一二年五月，歐巴馬還在考慮是否要支持同性婚姻之際，拜登已經跑在他的前面，告訴一名記者說他對於讓男、女同性婚者擁有完整的法定權利感到「絕對自在」。

針對拜登此舉，歐巴馬本人表示原諒他，但是總統的政治顧問卻很憤怒，拜登的幕僚還聽說他的公開活動將會受到限制，為期一週。外人多半認為可能拜登又隨便亂說話了，但白宮的官員卻在他的失言當中發現有跡可尋，那可能反映出他的政治計算。歐巴馬政府一名資深官員告訴我說：「他是風向球，可以顯示左派的核心現在在想什麼」。「他會知道『好，社會現在往這裡移動；民主黨在往這裡移動，所以我就往這裡移動。』」

拜登憑藉他過去三十多年在國會建立的關係，變成白宮派往難纏的國會的特使。歐巴馬的政治顧問之一大衛・普洛夫（David Plouffe）認為拜登的任務就在於解答一個問題：「成交的空間在哪裡？」拜登相信「妥協」甚於相信意識型態，所以他其實和總統差別不大。普洛夫說：「他們兩人的心態真的一樣。」拜登在參議院的體育場仍然保有置物櫃，他喜歡在那裡對其他人說教。一名前助理回憶說：「他其實是在蒐集情報。他會打電話給某個領導，然後再打電話給另一黨的領導，然後再打電話給那裡的五個朋友，這幾個朋友就會把所有的事情都告訴他。」

不過，民主黨的人有時候也很惱火拜登常常自認應該去促成共和黨領袖妥協。二〇一二年年末，布希時代的減稅政策即將到期，這將使政府此後十年間歲入增加三點七兆美元。共和黨希望減稅政策能夠繼續實施，因此威脅將史上首次不償還美國的債務。拜登和參院少數黨領袖麥康諾談判到最後一分鐘，最後彼此同意贖回那筆歲入中的六千億美元，但部分減稅措施變成永久實施。參院多數黨領袖、民主黨籍的哈利．瑞德（Harry Reid）聽到消息，對於那樣的交換條件大驚失色，氣得把手上的文件丟進壁爐（他後來否認）。

特立獨行，有人愛，有人恨

拜登就任副總統五年後，在一個晴朗的週末早晨，他站在德拉瓦大學圖比・雷蒙運動場（Tubby Raymond Field）置物櫃室旁邊，等著要發表大學畢業典禮演講。每一位貴賓都穿著學術服、帽，拜登也是，只不過他沒有戴學術帽（他有幾個個人的規矩：第一，不戴可笑的帽子；第二，不改變自己的作風。）一名工作人員引導他來到一個位置站好，那個位置地面上貼著膠帶，上面註明「vpotus」（美國副總統）。後來他們走到外面，迎向四千名穿著皇家藍學術袍、對著他歡呼的畢業生。教務長介紹他時，忍不住興奮的叫拜登「美國第四十七任總統」！場內有的人笑了出來，有的卻愣住了，但是沒有人糾正教務長，拜登自己也沒有。演講完畢，他回身要走回運動場裡面，一個年輕人雙手圍成喇叭狀，對著他喊說：「繼續忠於自我，喬！我愛你，兄弟。」。拜登抬頭看他，雖然高興，但是卻又覺得這種場合很微妙，不知如何是好。他就揮揮手，逕自走了。

這麼多年來，在美國社會大眾對政治人物的印象中，拜登有其獨特的地位。

白宮是一個推崇獨立自主、自立自強的地方，但拜登經常不是過分熱情、讓人招架不住，就是太過消沉、鬱鬱寡歡。對於沒有什麼尊榮的副總統職位，他顯得怡然自得。總統在國會做國情咨文報告時，他窩在座椅上一一窺探他以前的同事。他用手比成手槍狀，瞇起眼睛一一瞄準，射擊，但沒有顯露什麼惡意。

二〇一三年他主持新任參議員的宣誓就職典禮，美國公共事務衛星有線電視網（C-SPAN）拍了影片，片中只見他熱絡迎接每一位參議員的家屬。碰到老太太，他說：「我的老天鵝啊（holy mackerel），媽媽，你的眼睛好美。」碰到年輕女性，他說：「記住，三十歲以後才認真談戀愛！」看到小孩子穿得像安息日上教堂那種盛裝：「要好好照顧阿公。這是你最重要的職務。」他的外觀風格——雷朋太陽眼鏡、太過矯情的熱絡、裝酷耍帥——從來不為當權派所喜，但是卻讓他流露出他們那一行裡難得一見的真性情，甚至還吸引了某一些鐵粉。所以他的形象總容易讓人聯想到《黃金女郎》中的傻大姊羅絲（由貝蒂·懷特〔Betty White〕飾演），而非當時長期擔任俄亥俄州眾議員的眾院議長約翰·博納（John Boehner）。

二〇一四年五月，一名十七歲的高中女孩塔利亞（Talia Maselli）鼓起勇氣邀請拜登參加她的畢業舞會，做她的舞伴。他沒有出席，但回了一封信，附上一朵白玫瑰腕花，鼓勵她「我很享受我的舞會，你也要好好享受你的舞會。」推特上眾人為之瘋狂。

他對與民眾建立「人與人的連結」有狂熱的愛好，無論是越過封鎖繩與群眾握手寒暄、雙手環抱民眾的頭部，還是和群眾當中的反對者四目相接，他都樂此不疲。當時的國務卿凱利（John Kerry）說：「他會把人群帶進來，和他們說話，非常親暱，有時候還會擁抱。他是個『觸覺系』的政治家，而且都是來真的，不會假裝。」二〇〇八年，在電視辯論之後的接待會中，他的政治顧問馬提拉（John Marttila）想說要協助拜登離開，「我一直站起來說『我想我們該走了』，但是他就是坐著不動。我很想告訴他我們凌晨兩點才睡，但是五點或五點半就被叫醒了。」馬提拉說：「與民眾相處讓他精神百倍，」但很少有政治家這樣。拜登和人講話老是站得很近，近到有時候講話時他的頭會碰到對方的頭。很少有人注意到他這種姿勢，但如果換成是歐巴馬這樣，大家就為之側目了。

不過拜登一直很惱火所謂的「喬叔症候群」（Uncle Joe Syndrome），意指其痴呆、散漫的老好人的形象。白宮的記者團每一年都會舉辦一場白宮記者協會（White House Correspondents' Association）

拜登在政壇中以好人緣、善交際，幽默風趣聞名，他從不放過任何一個能與選民拉近距離的機會，也與兩黨政客保持良好關係。圖為他參與HBO喜劇《副人之仁》的演出。（照片來源：維基百科）

晚宴，在二〇一四年的晚宴上，他們播出一個取材自HBO喜劇影集《副人之仁》（*Veep*）的短片，其中女主角茱莉亞・路易斯德瑞弗斯（Julia Louis-Dreyfus）飾演一名雄心勃勃的副總統。這部影集二〇一二年上演之初，拜登避之唯恐不及。（茱莉亞・路易斯德瑞弗斯告訴我說：「我如果是在他的政府做事，就不會跟他講那些。」）不過後來拜登慢慢開始喜歡這一部影集，並在晚宴上的特別影集中客串演出，和茱莉亞一起兩位真、假副總統大暴走演出：兩人身上都刺了佩洛西（Nancy Pelosi）的刺青，還闖進《華盛頓郵報》報社竄改郵報的標題，說「拜登聲望高漲，支持度高達百分之兩百」。當天晚上，各方評論都認為這一集非常成功。不過，當時為《斯雷特》（*Slate*）雜誌採訪政治新聞的大衛・偉格爾（David Weigel）卻認為這個消遣拜登的玩笑其實含有一個很微妙的訊息，那就是「白宮正在小心翼翼地暗示大家，拜登不會是二〇一六年民主黨的總統候選人」。

記者團晚宴之後幾天，我問拜登怎麼看那一集影片，他說：「實際上最後會覺得有點怪異，」不過又說他有參與修改劇本，以避免一些太蠢的情節。劇本中原本有一個情節說他和茱莉亞在白宮廚房偷吃冰淇淋，卻被米雪兒・歐巴馬撞見，他整個人畏縮在那裡。他說：「第一夫人跑進來，我會畏縮？沒那回事。」

白宮之外，公眾對他的評價褒貶不一。二〇一二年總統大選前，《紐約時報》總編輯比爾・凱勒（Bill Keller）在一篇專欄文章中呼籲歐巴馬放棄拜登，用當時的國務卿希拉蕊・柯林頓做競選搭檔（競選團隊評估過這個想法，不過後來民意調查顯示其實沒有什麼差別）。那一年三月，一份狙殺奧薩馬・賓拉登行動中截獲的文件解密後顯示，賓拉登生前曾經對刺客建議以歐巴馬為目標，放過拜登，因為「拜登完全沒有準備好要做總統，他會使美國陷入大亂」。這對拜登而言真是一次天外飛來的侮辱。當年夏天，皮尤民調和《華盛頓郵報》共同做了一次民調，要求民眾用一個字來形容拜登，結果最多人講的是「好」（good）和「白痴」（idiot），兩者旗鼓相當。這個結果讓共和黨樂得將拜登打成權術政客、無心問政、肆意妄為的老冬烘。參議員泰德・克魯茲（Ted Cruz）在宴請南卡羅萊納保守黨人的一次晚宴中說，「副總統喬・拜登現在就在鎮上。你們都知道，這樣講最妙的地方就是，你笑話都不用講完，光這一句大家就笑了。」

忠誠副手，深獲歐巴馬器重

但是拜登到了當年大選前的最後幾個月，終於開始讓大家明白為何他是民主黨副總統人選。歐巴馬在一場和羅姆尼的辯論中表現失常，但不久就輪到拜登面對他的對手保羅・萊恩（**Paul Ryan**）。萊恩當年四十二歲，是威斯康辛州共和黨眾議員，有一雙小馬般的眼睛。講台上，拜登胸有成竹地冷眼旁觀，時而嘲笑，時而奚落，時而打斷萊恩（萊恩說：「傑克・甘迺迪降低了稅率且創造經濟成長……」拜登馬上反唇相譏：「喔，現在你成了傑克・甘迺迪了！」）[3]這樣的嘻怒笑罵激怒了一些人，不過卻讓這一次競選變得很刺激。他挽回了民主黨的頹勢。因此，歐巴馬開始準備下一次辯論時，據說他的顧問就建議他多一點拜登那種狠勁。《大西洋》月刊（*The Atlantic*）還出現一行標題，問說「史上最具影響力的副總統？」

但是，最重要的是，他和歐巴馬的關係是建立在「忠誠」之上的。他大半生都是如此。他說，你一旦當了副總統，對於總統「不管他做什麼事，你都有義務支持他；除非你的良心讓你完全不能接受他的所作所為。」他說：「如果真的有這種情形，我就會宣布說我患了攝護腺癌，非退休不可。」民主黨在選舉中丟掉眾議院多數之後，眾議員安東尼．韋納（Anthony Weiner）有一次在黨團午餐會中批評歐巴馬為減稅問題和共和黨交換條件，拜登就跳出來說：「我不會他媽的站在這裡這樣講總統。」過了一會兒，他又開始罵起以色列總理納坦亞胡

3　譯註：這裡的說的傑克．甘迺迪即約翰．甘迺迪。約翰．甘迺迪小時候都被家人叫作傑克。在一九八八年美國總統大選中副總統的辯論會上，民主黨的洛伊德．班森（Lloyd Bentsen）對上共和黨的丹．奎爾（Dan Quayle）。當奎爾提到約翰．甘迺迪時，班森立刻駁斥他說：「參議員，你不是傑克．甘迺迪。」（Senator, you're no Jack Kennedy.）這句話後來在美國政壇變成一句常見的俚語，用來提醒對方別太高估自己、自抬身價。

（Benjamin Netanyahu），他不久前一直在歐巴馬的中東政策中找毛病。歐巴馬的顧問普洛夫說，總統受到批評時，拜登會「激動起來」。這些事情後來歐巴馬都知道。副國安顧問班・羅德斯（Ben Rhodes）那時候告訴我說：「他知道副總統支持他。」歐巴馬在華府受到的批評越厲害，他就越重視拜登的防衛力。羅德斯說：「我想，這種戰鬥提高了他們彼此之間的信任，兩人的默契心照不宣。」

他們都是很驕傲的人，本來都沒有想要低頭像對方學習，但是時日一久，身邊的人都看得出來他們的關係開始變化。里昂・潘內達（Leon Panetta）那時是中情局長，後來又接掌國防部。他告訴我說，歐巴馬承認自己經驗有所不足，技巧不好。「他畢竟是個法學教授，我想難免會有一些『我真的必須這樣做嗎？』之類的猶疑。這時喬就是那個會對美國總統說『對，你必須這麼做』的左右手。」歐巴馬後來會開始對助理或民眾說任命拜登為副總統是他一生做過的最正確的政治決策。一名拜登的前助理說：「我想拜登從歐巴馬的嚴以律己中學到了很多，這對他有點困難，但有時候卻很有用。歐巴馬則是從拜登學到了如何帶給人溫暖。碰到什麼他們兩人都在的場合，外國人自然都會比較靠近拜登，離歐巴馬比較遠。」他又說：「每個人都覺得他像老師。」

拜登就任副總統之初，還是會跟大衛．艾克斯羅德說「我會是最好的總統」。但是經過一年從旁觀察歐巴馬之後，他卻告訴艾克斯羅德說他錯了：「對的人才會贏，我真的自豪我是他的副手。」

總統和副總統共同面對的試煉拉近了他們兩人的距離，這出乎很多人的意料之外，他們自己尤其意外。拜登的顧問馬提拉跟我講說：「有一次喬和巴拉克一起吃中飯，歐巴馬對拜登說：『我們會變成好朋友！我覺得很意外。』結果拜登回答說：『你他媽的真意外！』」

剛開始的時候，拜登管不住自己的嘴巴，歐巴馬則是自視甚高，但是如今他們已經度過這個尷尬的時期。只是他們彼此之間還是存有一些緊張，後來在二〇一六和二〇二〇兩次大選中都再次升高。

第五章　走訪全球的外交特使

在白宮，落在拜登身上的各種職務當中，最吃力的莫過於外交事務。歐巴馬上任之初，對外交還沒有什麼經驗，但是拜登卻長期在參院擔任外交委員會主席。用拜登的外交辭令來說，總統「把我派到他不想去的地方」。

二〇一四年復活節那一天，他登上「空軍二號」座機，啟程前往烏克蘭首都基輔。此時烏克蘭和俄國對抗已經僵持了幾個月。這場戰事是去年冬季開始的。先是烏克蘭總統亞努科維奇（Viktor Yanukovych）選邊站，廢止烏克蘭和歐盟的協議，轉向莫斯科，引發全國民眾抗議。拜登和很多外國領袖一樣，認識亞努科維奇已經很多年，兩人感情好到可以「互鞭濕毛巾」。[1]拜登回憶說：「他為人很親切。我說：『你看來像個惡棍！』我還說：『你很大隻。』」民眾的抗議升高之後，拜登勸亞努科維奇和示威群眾和解。他們通了九次電話，但是拜登失敗了。二月二十日，政府的狙擊手開始對示威民眾開火，四十八小時之內至少槍殺了八十八個人。後來總統匆忙逃離，留下來的部屬把他的官邸打開來讓民眾進入，大家看到的是亞努科維奇行「盜賊政治」（kleptocracy）的贓貨：當寵物的孔雀、整排的古董車，以及海盜船造型的私人餐廳。總統出逃之後，俄國軍隊進入克里米亞，俄國總統隨即宣布克里米亞是俄國領土。

亞努科維奇出奔兩個月之後，拜登這一趟來訪的任務很明確：美國的第二高官要來安撫脆弱的烏克蘭政府，嚇阻普丁繼續入侵烏克蘭領土。和總司令相比，副總統飛航的陣仗顯然小了很多。由波音757改裝的座機是一架舊飛機，座椅的扶手還會脫落。副總統有自己的座艙，裡面配備摺疊床、辦公桌，加一張客人椅。若是客人多來一個，就要坐塑膠冰桶。拜登說：「想要排場的話，那你他媽的就換別的行業。」

空軍二號在基輔落地。基輔這個城市有美麗的林蔭大道，種滿了核桃樹，還有很多圓頂教堂，以致於當年布爾什維克黨曾經批評它不適合作共產國家

1　編註：「互鞭濕毛巾」（towel-snapping）是源自美國校園的俚語，指男性友人之間的鬥嘴、打鬧。

的首都。城市裡已不見示威遊行，但是作為示威活動中心的「獨立廣場」（the Maidan）上面還殘存抗議者留下的陣地，看起來活像音樂劇《悲慘世界》中的畫面，有路障、木柱、輪胎堆起的陣線，偶爾還會竄出火苗。廣場上有一些復原的跡象，有的地方疊著一堆石塊，那是之前示威民眾從地面上撬起來、拿來砸鎮暴警察用的，現在疊在那裡，準備重新鋪回廣場。

國會大廈是史達林時代的建築，前門有六支高大的廊柱。拜登進入議場，裡面有一批準備要競選新政府領導人的政治人物在等他。經過多年的選戰歷練，無論是在巴格達、北京，還是在老家維爾明頓，他都知道在什麼場合要講什麼話。不過他最愛講的一句話是：「如果我有你那樣的頭髮，我會當總統。」他總是看環境調整慣例。他向維塔利・克里契科（Vitali Klitschko）走過去，用力的捏了一下他的二頭肌。克里契科身高六呎七吋（約兩百公分），從政以前是重量級拳擊冠軍，外號「鐵拳博士」（Dr. Ironfist）。接著走到咖啡桌邊去見彼得・波洛申科（Petro Poroshenko）。波洛申科從糖果業起家，富甲一方，這一次也參加總統競選。拜登本人這時也在考慮參加二〇一六年的美國總統選舉。他告訴在場這一批人說：「我當總統候選人已經當了兩次，我希望你們做得比我好。」（後來隔月波洛申科當選總統。）

拜登在咖啡桌前坐定。對於他基輔的主人，副總統這一次帶來的援助不多，就是五千八百萬美元協助烏克蘭辦理選舉的經費、能源技術，以及非致命性安全裝備，譬如邊防用無線電裝置。比較重要的是，拜登想要向基輔的新領導人傳達一個訊息，那就是，除了抵抗俄國干預之外，烏克蘭政府必須進行改革才能重建政權的正當性。依據國際透明組織（Transparency International）的觀察，烏克蘭的貪腐指數在一百七十七國當中和中非共和國並列第一百四十四位。他告訴在座的這些人說：「在一群領導人自家的國會中講這話實在很敏感，不過坦白說，各位絕對必須設法打擊瀰漫在你們政府中的貪腐之癌。」在這種場合，拜登喜歡坦率說話。他在一九七九年有一次往訪蘇聯，在那裡聽一名蘇聯官員為一些事情爭辯之後，他回答這位官員說：「在我們那裡，我們有一句話說『你不可能唬爛唬爛王』（You can't shit a shitter）。」訪問團中的參議員比爾・布瑞德利（Bill Bradley）後來問拜登的通譯當時怎麼翻譯這句話，那名通譯說：「不能直譯。」

大啖北京小吃，展現美國軟實力

然而，拜登常用的外交手法常常惹火職業外交官。他告訴我說：「他們會丟一句話給你，說要你這樣講，我就說：『我不會這樣講，這根本不可信！』你必須一開始就假設對方不是白痴。大部分對自己的切身利益都很精明。」他很自豪自己洞察人心。他跟我講說：「可以的話，要讓對方明白你了解他的問題；這很重要。有些外交人員和對方溝通的竟然是『我們不了解你的問題』，真是笨蛋。」

潘內達回想有一次聽拜登講電話：「你聽不出來那是在跟某個世界領袖講話，還是在和德拉瓦州某個政黨的樁腳講話。」

每逢海外之旅，拜登會找機會展現美國實力中最親民的那一面。二〇一一年我還駐在北京，當時拜登已經預定不久後要訪問中國，這時候中國卻發生了一些事情，顯露出中國高官的特權，讓中國政府覺得很尷尬。其中有一件是河北省的一名市長坐巴士時闖紅燈，撞到了一名十四歲的學童，學生受傷變成殘障，但是市長從頭到尾沒有來醫院探望。輿論批評他高高在上、罔顧人命。拜登預定訪問中國，人沒到，中國社交媒體上一些年輕的自由評論者已經把他列為中國高官的一個「反榜樣」，讚美他會自我解嘲。中國人說拜登會自我解嘲，指的是一部拍攝白宮記者協會晚宴的影片。片中出現一個華裔美籍喜劇家黃西（Joe Wong）出來講笑話，拜登也在場。談話中黃西告訴大家說，他讀過拜登的回憶錄，而現在才親睹他本人，然後他一本正經地說：「不過書比人好多了！」這時鏡頭轉向拜登，只見打著黑色蝴蝶結的他跟著大家一起哄堂大笑。

拜登在二〇一一年訪問北京時，把這一點發揮到淋漓盡致。在訪問期間，他有一次趁著一大堆正式會議的午休時間，帶著幕僚從為他們所設的淨空警戒區溜出來，來到一間屬於工人階級的小吃店「姚記炒肝」。它的名菜是「炒肝」，當地美食家形容其為「羹湯濃稠，豬肝滑嫩，豬腸彈牙」。拜登和隨從擠進滿座的客人當中，老闆連忙跑出來和他握手。然後拜登就透過通譯對著客人說：「對不起打擾大家吃飯！」中國的自由派評論者愛死了這樣的情景，後來這家小吃店還打出「拜登特餐」作為招牌。

後來有的國家就知道，他會有一些突如其來的親民舉動。二〇一三年他計劃要訪問東京，人未到，日本報紙《朝日新聞》卻早早就告訴讀者說：「他很享受他的工作，不過他身邊的助理總是擔心他太自得其樂，甚至突然說一些唐突的話。拜登以說話失言聞名，但是那顯然就是他所以親切有趣的原因。」

在地中海沿岸諸國或南美洲，拜登表現得要比在英國或德國好。一名曾經在白宮和拜登開過會的英國前官員說：「他很像打得開卻關不起來的水龍頭。」他說：「雖然他是真的很有魅力，但是他從來不會留什麼餘地讓你充分表達你的觀點，真的很讓人挫折，尤其是對那些有禮貌而不願意打斷他的人來說更是如此。」他是到後來才懂得要在行程中留一點空間，作為他的同僚所謂的「拜登時間」（Biden hour）。在以色列，他的手法稍有進步。二〇一一年他訪問特拉維夫，引用他父親說過的一句話敦促納坦亞胡大跨步追求中東和平。他說：「死在小十字架上毫無意義。」當時的美國駐以色列大使隆．德莫（Ron Dermer）說：「我們在耶路薩冷，我們有一個是天主教副總統，還有一個是猶太人總理，而他卻告訴他說：『死在小十字架上毫無意義。』總理聽了笑了出來。我要告訴你說，這是我聽過的說法當中，對以色列的政治現實的理解最鞭辟入裡的一句話。」

對於出兵海外，他始終表示質疑

拜登進入政府以後，一直對於美國在海外動用武力表達強烈質疑，並以此聞名。有時候他甚至會和希拉蕊．柯林頓、中情局長潘內達等人起爭論，壁壘分明。拜登一直反對干預利比亞，認為格達費如果倒台，利比亞局勢將會一團混亂。他也曾經向總統示警狙殺賓拉登的後果。他後來說，那一次突擊要是失敗了，歐巴馬「將成為一任總統」。歐巴馬並非每次都聽拜登的，不過兩個人都謹守一種謹慎的外交政策，其宗旨是，如同歐巴馬說的，「避免錯誤」。有人要歐巴馬解釋一下「歐巴馬主義」，歐巴馬就說：「你有時候是一壘安打，有時候是二壘安打，但時機到了我們總會打出全壘打。」

拜登和他的前任錢尼相反。他在外交事務上的作為，總是配合並強化總統的克制的本能，而不是在總統背後又玩一套。二〇一四年夏天，我曾經和歐巴馬談到拜登在歐巴馬政府中扮演的角色。我問總統說拜登是否曾經影響過他的想法。他說：「在外交陣線，我覺得喬在我們辯論阿富汗問題的時候發揮了最大的影響。」二〇〇九年，歐巴馬開始檢討美國對阿富汗的政策，他的戰爭內閣經常見面討論下一步棋該怎麼走。包括駐阿富汗美軍最高指揮官史坦利・麥克里斯特爾（Stanley McChrystal）將軍在內，軍方領袖都希望能夠增派四萬名部隊以及龐大的平民工作團，進行一次平亂大行動。歐巴馬相信在場的幾個人心裡都有他們特定想要的結果。他說：「你有的是羅伯・蓋茲（Robert Gates）；這個人確實是個很優秀的國防部長，但是一說到阿富汗政策，他顯然只想要延續前朝的做法。」

歐巴馬說：「那一次爭辯期間，我和喬有時候會一對一談很久，為的就是釐清美國在阿富汗的利益究竟是什麼，我們在那裡到底能夠成就什麼事情。我覺得，某些公共論述最後把喬歸入鴿派，其他的人是鷹派，但這樣的二分法我覺得其實太過簡單。真的，喬對我的幫助就在於不斷地問我們為什麼要去那裡？如果我們要達成特定的目標，究竟有哪些資源是我們可以投入的？我們沒有陷入意識形態的爭辯，因為那樣十之八九就會導致我們好高騖遠，或是在任務中缺乏明確的目標。」歐巴馬說他和拜登會一起討論要向軍方及情報單位提問什麼問題。「有時候，喬，基本上是代表我，提出問題，保留決策空間給我，激發激烈的辯論。這實在是非常寶貴，因為一方面這有助於我們形塑初步行動策略，抑制塔利班的動力，另外一方面這也有助於我們訂定我們要在那裡多久的時間表。你也知道，時至今日，對於我們提出逐漸退出阿富汗的時間表也許還有一些爭論，但是我相信那絕對是正確的作法。」（不過歐巴馬最後是下令增派三萬名部隊，在阿富汗實施軍民政策。美國後來還是繼續留在阿富汗，並未撤軍。）

四十年來沒有做對一件事！

五角大廈一些資深領導者指責拜登破壞白宮和軍方之間的互信。蓋茲在他的回憶錄《職責：一個戰時部長的回憶錄》（*Duty: Memoirs of a Secretary at War*）裡面對拜登做了最嚴厲的批評，說他「別人沒有辦法不喜歡他……但是四十年來，他幾乎在每一項外交政策、每一個國安問題上都做錯了」。蓋茲接受國家公共電台訪問，談他這本著作。他說，拜登在參院時曾經表決反對援助南越，一九七九年伊朗國王倒台時還額手稱慶。「他實際上等於反對雷根總統國防建設計畫當中每一項要素。他反對B1轟炸機、B2轟炸機、MX洲際彈道飛彈，其實不只這些。他也反對第一次波灣戰爭。所以，這麼久以來，這麼多重大的議題，我真的認為他都錯了。」

蓋茲和拜登不和由來已久。一九九一年，蓋茲獲得提名中情局長，拜登反對，他的論據是，蓋茲是中情局的克里姆林宮專家，但是卻沒有預測到蘇聯垮台。二十年後，蓋茲獲得國會同意出任國防部長，那一次拜登沒有投票。蓋茲所謂拜登「四十年來」的種種錯誤，讓人想起二〇〇八年總統選舉有人批評莎拉·佩林（Sarah Palin）沒有外交經驗，共和黨保守派出來反擊時所用的論點。（然而，沒有證據顯示拜登曾經表示贊同伊朗國王垮台）

有一次我訪問拜登時，他拿起蓋茲的書說：「我質疑軍方，蓋茲不高興。好吧，我相信，我以前相信，現在還是相信華盛頓和傑佛遜是對的。他們說：戰爭太重要了，所以不能只交給那些將軍。判斷不是他們做的！他們要做的是執行。所以我想你看到的是一個支持並且對軍隊忠實的總統，但是他也知道自己才是總司令！」有一次，我正要講話時，拜登突然插話說：「不管是不是在打總統大選，還是我已經卸任，我都很想和他辯論，噢，天啊，我等不及了！」

我問拜登他如何看待蓋茲對他的那些批評。他先說蓋茲「確實是個好人」，但接著就開始數落他：「羅伯·蓋茲是共和黨員，在很多基本面，他的外交政策觀點和我都不一樣。羅伯·蓋茲在每一件事情上都錯了！說到怎樣和俄國領導戈巴契夫打交道，羅伯·蓋茲給雷根總統的建議都是錯誤的。他那些建議都不對。

感謝上帝，雷根總統沒有聽他的。羅伯・蓋茲對巴爾幹半島局勢也搞錯了。羅伯・蓋茲對於讓北大西洋公約組織去轟炸巴爾幹也錯了。羅伯・蓋茲也搞錯了越戰，耶穌基督！你回頭去看，四十年來每一件事，我想得到的和外交事務有關的重大決策，沒有一件事情他做的對！」

拜登和蓋茲兩人之間的長期鏖戰讓一些認識他們的人很驚訝。關於蓋茲對拜登的評價，我問過美國外交關係協會（Council on Foreign Relation）主席理查・哈斯（Richard Haass）。他說：「羅伯・蓋茲是我的好朋友。我們在美國政府裡多次共事。不過那的確是我難以苟同的幾件事情之一。沒有人可以事事都做得盡善盡美，但是也沒有人做什麼事都零分。喬做事和我們每個人一樣，有安打，也有失誤。」潘內達和拜登及蓋茲都曾經共事。他說，歐巴馬會刻意引導每個人把他們的歧見表達出來，於是他們兩人經常在辯論中起衝突。潘內達說，因為拜登總是質疑蓋茲的假設，時日一久，兩人之間漸漸就有了芥蒂。潘內達說：「那只會使他越來越不爽快。」

「普丁先生，我覺得你沒有靈魂。」

在基輔，拜登登上空軍二號，準備打道回美。上機後，他解開領結，要了一杯咖啡。他剛剛上機前臨時做了一些談話，呼籲俄國致力於降低地區緊張：「別再空談，請立即行動。」參議員約翰．麥肯在紐約聞言，講了一句：「如果俄羅斯不這麼做呢？」麥肯這話是在批評歐巴馬政府從不曾對俄國採取強硬行動。

烏克蘭官員向他要求美國軍事援助，但是拜登卻告訴他們說，美國的軍事援助，即使有，也只是最低限度的而已。他告訴我說：「我們現在已經沒有冷戰思維，原因有好幾個。第一，現在已經沒有哪一個國家跟我們旗鼓相當，也沒有哪一個國家的實力有機會逼近我們。普丁除非發瘋按下按鈕發射核彈，他已經沒有辦法在軍事上用什麼手段撼動美國的利益。」不過烏克蘭人卻很不高興。一名資深官員就說：「他們臉上的表情，我看起來就是『我的天啊！』」

拜登決心不讓美國捲入地區衝突。他對普丁的意圖沒有幻想。二〇〇一年。喬治．布希曾經誤判普丁，說他「坦誠，值得信賴」。十幾年來，拜登仍然對這種誤判相當警惕。布希那時候還說自己「能夠感受到他普丁的靈魂。這個人全心全意報效他的國家，守護他們國家的最高利益」。拜登還記得二〇一一年前往克里姆林宮拜訪普丁的經過：「我帶著通譯一起前去。普丁帶著我參觀他的辦公室，我對他說：『這麼氣派的辦公室，資本主義很棒不是嗎？』他笑了。我一轉身，跟他站得非常近，」拜登把手比在鼻子前方幾英寸之處，「我就說：『總理先生，我看著你的眼睛，我不覺得你有靈魂。』」

我問拜登說：「你真的這麼說？」這句話聽起來太像電影台詞了。

拜登回說：「絕對，肯定。他也直直看著我，笑著說：『我們互相了解。』」拜登回到座位上，輕嘆說：「他就是這種人！」

二〇一四年夏天，我數次跟隨他去開會的行程，因此得以就近觀察他。一天下午，他從白宮西廂穿過柏油路來到艾森豪行政辦公大樓，那裡面有一間儀典辦公室（Ceremonial Office），碰到團體訪客，他都用這間辦公室接待。我們爬上階梯，邊走邊聊到理查・班・克雷默論述他的文章《從政的代價》。克雷默的文章對他一九八八年競選總統時的成敗有精采的描述，但也不諱言講了些露骨的話，似乎讓拜登有點不安。（克雷默強調拜登「有非比尋常的勇氣，勇敢到了有勇無謀的程度」。）他說：「讓別人把你沒有自知之明的事情說給你聽，真的很尷尬。」不過克雷默二〇一三年過世時，他卻有發悼文紀念他。我們到了階梯頂端，他有點喘，不過停在那裡尋思克雷默的描述為什麼影響了他。「他用了這個字——他說：『拜登如果沒有「看見」事情，絕對不會去做。』他絕對正確。我『看不到』的事情，我絕對不會去做。」

烏克蘭的危機後來演變為僵局。歐巴馬政府官員小心翼翼回頭處理一些棘手的外交問題。在儀典辦公室，拜登的二十多名訪客圍坐在長桌邊準備開始討論賽普勒斯問題。賽普勒斯自一九七四年分裂至今，那年土耳其為了阻止賽普勒斯和希臘統一而入侵這個島嶼。賽普勒斯希望美國能夠協助他們解決目前的僵局，另外也協助他們探勘石油及天然氣礦藏。二〇一四年五月下旬，拜登到訪賽普勒斯；這是一九六二年林登．詹森副總統來訪之後造訪該國的最高階美國官員。那一天下午他的訪客是一些希裔美國人領袖，他們已是多年老友。訪客中有一個跟拜登說他好瘦。他回答說：「我在努力！我已經瘦到一百七十九磅，準備好要戰鬥了！」對於二〇一六年的大選，這是當時他放出的最新的耳語。

在這一次會議中，他講得口沫橫飛，高談闊論自己的賽普勒斯之旅，時而壓低音量好像在說什麼機密，時而振臂高呼，誓言要解決他口中「他媽的已經拖了四十年，乖乖！」的這一場衝突。他滿頭大汗，連西裝外套都脫了。半個小時之後，他該離開了，負責管理他行程的幕僚遞給他一張字條，他瞄了一眼，繼續講話。又三十分鐘之後，幕僚終於忍不住靠近桌邊擋住他的視線。他進場六十四分鐘之後，也就是他講了五十五分鐘的話之後，他終於宣布說他必須再去一趟烏克蘭，去參加烏克蘭總統的就職典禮。會場中有一位名叫安迪・馬納托斯（Andy Manatos）的希裔美國說客向他表示感謝，謝謝他關注賽普勒斯，還說這「或許是這四十年來 我們第一次相信我們的政府有想要處理這個問題」。要離開時，馬納托斯停下腳步對我說：「你聽說過林登・詹森處理的方法嗎？拜登的處理方式還是一樣。」

拜登從白宮打電給自己認識的人之時，有時候會跳過總機，自己撥號打過去，讓對方嚇一跳。如果是和外國領袖的正式通話，他都會遵照標準程序，但是他會主動聊一些輕鬆的話題，譬如孫子啦、美食啦，天氣如何等等。白宮的電話紀錄顯示那一年夏天他從白宮打到國外的電話以打到伊拉克最多，明確的次數是六十四次。整個歐巴馬執政期間，伊拉克一直是拜登最關切的問題。

他當參議員的時候，對於動武問題一直沒有一定的看法。一九九一年，他反對波灣戰爭，但是一九九三年他卻鼓吹北約組織轟炸巴爾幹半島，以阻止塞爾維亞人屠殺波士尼亞人。此舉是他最引以為傲的政績之一。

對於伊拉克，他一度很樂觀

二〇〇二年伊拉克戰爭爆發之前，他提出了一個解決方案，能讓布希政府清除伊拉克的大規模毀滅性武器，但是不驅逐海珊本人。這個方案後來失敗了，所以拜登轉而支持開戰。他後來很後悔這個決定。

拜登一直不相信伊拉克有足夠的內部凝聚力。二〇〇六年春天，有一次他在從紐約回華府的班機上，剛好坐在美國外交關係協會前任主席雷斯利・蓋爾布（Leslie Gelb）的旁邊。蓋爾布說，因為飛機誤點，他們「光是談伊拉克就談了三個多小時」。他們依據拜登對波士尼亞的分裂的觀察，構思了一種將什葉派、遜尼派、庫德族涵蓋在一起的聯邦體制，並於二〇〇六年五月在《紐約時報》的「讀者投書」欄發表文章，提名為〈透過自治創造伊拉克的團結〉（Unity Through Autonomy in Iraq）。蓋爾布回憶說，這篇讀者投書「引起很多人注意，但幾乎都是負面的」。外交政策評論員說那種構想會導致伊拉克解體，嚴重的話甚至引發種族清洗。蓋爾布說：「我興味盎然地等著看喬的反應。因為，如果每個人都跟你講『你錯了』，在這種壓力之下，政客一般都會逃之夭夭。可是他卻沒有，一點都沒有。」（我後來向布魯金斯研究所的外交政策專家歐漢龍〔Michael O'Hanlon〕問起他對這個聯邦制構想的看法，他說：「這個構想並不瘋狂，絕對不瘋狂，而且可能還是個必要的備案。」）

二〇〇八年大選之後不久，即將就任白宮幕僚長的拉姆・伊曼紐爾和歐巴馬碰面，討論任務的分配。在種種任務中，尤其以陷入泥淖的伊拉克戰爭問題最為棘手。伊曼紐爾告訴我說：「你需要的人，一是必須對他們選民忠誠，不追求個人榮耀，但是了解各個派系；這個派系指的不只是我們美國政府內的派系，也包括伊拉克的派系，並且對橢圓形辦公室有話直說。」拜登完全符合這些條件。在二〇〇九年六月的一次國安會議中，歐巴馬突然毫無預警地對拜登說：「喬，伊拉克就交給你。」對於觀察歐巴馬政府的評論家而言，歐巴馬這樣子丟球給拜登，顯示他看不起這一場他所謂的「愚蠢的戰爭」。（反之，阿富汗戰爭則是「好的戰爭」。）

三年前，拜登提出的計畫是準備要給伊拉克比較大的地區自主權，三年後，他現在接到的任務卻是要維持這個國家免於分裂。目標如此，他開始表態支持總理馬利基（Nuri al-Maliki）領導的政府，要馬利基的對手阿拉威（Ayad Allawi）

接受較低階的職位，不要再競選總理。在當時，馬利基其實越來越擅權，而且派系之見深重，美國的外交界和盟國都很憂慮，但拜登卻認為他是唯一可行的人選。他相信政治人物一定都精打細算，服膺「理性利益的力量」（power of rational interests）。潘內達說：「我還記得喬對馬利基說：『你想不想經營那個國家？你想不想在以後的歷史中成為曾經拯救那個國家的人物？這些都符合你的政治利益，也都將讓你名垂青史。』」

拜登非常樂觀。他預言說，巴格達那邊一個穩定的、有充分民意基礎的政府將是「本屆美國政府偉大的成就之一」。他還預言馬利基將會續簽「駐軍地位協定」（Status of Forces Agreement），讓美軍繼續留在伊拉克。據說他曾經在一次視訊會議中告訴其他官員說：「我用我的副總統位子和你們打賭馬利基會延長駐軍地位協定。」但拜登這此真的所託非人。二〇一一年，馬利基拒絕了美國的要求，因此美國也不再謀求部隊繼續留在伊拉克。十二月，拜登飛往伊拉克見證美軍撤退。他打電話給歐巴馬說謝謝他「給我這個機會結束這一場鬼戰爭」。不過這一番大話說得早了一些。

無力挽救破碎的中東

二○一四年六月，我到白宮西廂來拜訪拜登。兩年多前，他還在歡呼那一場鬼戰爭結束，不到三年，遜尼派軍隊卻控制了伊拉克第二大城摩蘇爾（Mosul），自稱伊斯蘭國。歐巴馬已經準備好先派遣一支數千人的部隊前往伊拉克。此時伊拉克和敘利亞邊界已經瓦解，以前的兩處戰場，現在即將合而為一。

穿著襯衫的拜登一屁股坐到辦公桌前的藍色沙發上，長長嘆了一口氣，很疲憊的樣子。幾年來，美國不論左派還是右派都在施壓政府加強對敘利亞的行動，一方面拯救人命，一方面扭轉危害整個地區的混亂戰略。我問拜登說美國在敘利亞是不是本來可以有一些不一樣的做法。我這一問，他沉凝不語足足十五秒鐘，最後才說：「對，也許。」

二○一二年，白宮拒絕了中情局支持的一項計畫，該計畫原本打算在敘利亞武裝一支溫和叛軍，拒絕的原因是怕美國因此捲入當地衝突，而且又擔心武器交給了錯誤的人。二〇一三年六月，外界發現敘利亞總統阿塞德動用了化學武器，歐巴馬遂授權啟動該計畫。拜登說，美國的目標是驅逐阿塞德而不引爆敘利亞各派系的內戰。不過，他說：「我不認為、也不相信我們的盟國會同意我們的做法。」卡達、沙烏地阿拉伯，以及幾個地區強權都在武裝遜尼派聖戰士（Sunni jihadists），但美國並不願意支持遜尼派聖戰士。他說：「我相信由卡達、阿拉伯聯合大公國、沙烏地阿拉伯、土耳其決定誰是這些小傢伙非常重要。我們要支持什麼人？我們是不是應該盡力留下完整的政府讓你們可以重建國家，而不是留下一個分裂的國家回美國去？」

拜登還記得，二〇一三年四月他在一次早餐會上告訴卡達的國王說：「你們不能這樣子一直資助那裡最激進的伊斯蘭極端主義者。」副總統相信外國強權已經讓這一場衝突惡化為「替遜尼派和什葉派打的代理戰爭」。拜登說：「你不能一邊把千萬美元送給恐怖組織努斯拉陣線，一邊卻告訴我說我們是盟友。」因為這樣的話，這一場戰爭就沒辦法好好結束。他在座位上坐定了說：「既然原來有可能好好結束，早一點結束，可見當初失敗之處就在於大家沒有產生一致的共識。」

我還沒有問起為何會導致這種局面，他自己就開始為自己始終反對動用美軍辯護。「就說，我很確定的一件事情是，這和我們有沒有在那裡派駐三萬名部隊、六萬名，還是一萬名部隊完全沒有關係。」他比較了一下伊拉克和阿富汗：「這兩個國家，環境都很惡劣，但是我們還是給了他們機會，給了他們時機。我們有給他們空間和時間。」他對敘利亞和伊拉克不斷升高的混亂局勢很悲觀，但還是堅信美國如果強迫相關各方屈從或達成協議，那就錯了。「我和另外幾位人士在他們每一個領導者身上花了幾百個小時，但是他們卻沒有解決最根本的問題，就是他們究竟要如何與別人和平共處。就算我們留在那裡，也無濟於事。」

很少有美國的外交官、軍隊指揮官會對撤離吃力不討好的駐軍感到惋惜。但是有一些人卻批評拜登在馬利基身上投資太多，也沒有大力推動在伊拉克留下一支足夠強的部隊，以維持美國的影響力，同時抑制馬利基黨同伐異的計畫。在我和拜登談論伊拉克的前一天，他和馬利基通過電話。他已不再對馬利基表示信任：「也是好消息也是壞消息的是，這是發生在一個有利的時機，因為他們現在還在建立政府，你可以看得很清楚什葉派裡面有個決定，也就是他們認定馬利基不是可以承擔大任的人。」拜登對於解決伊拉克問題已經顯得灰心。他說：「雖然團結、穩定對我們非常有利，但是他們自己不想要，我們也沒轍。」

那一年夏天，巴格達政府越來越荒腔走板，拜登為伊拉克設計的聯邦、去中央集權的政府體制在之前顯得十分激進，現在卻意外地符合現實需求。情報分析公司史特拉福（Stratfor）預測說伊拉克「大部分地區將淪為各自為政的局面」。沒有人認為這是個可取的結果。戰略及國際研究中心（Center for Strategic & International Studies）和布魯金斯研究所的查爾梅．卡理查德（Zalmay Khalilzad）以及甘迺迪．帕樂克（Kennedy Pollack）都說這是此時此刻「最好的，或者說最不壞的」選項。

拜登在歐巴馬政府進入最後四分之一任期時，白宮的氛圍也變了。希拉蕊．柯林頓擔任國務卿將近四年後，於二〇一三年下台。擔任國務卿期間，她一直維持密集的外訪行程，訪問的國家之多，超過歷任國務卿，但是一次腦震盪以及罹患血栓使她離開決策核心長達一個月。她的繼任者約翰．凱利和拜登關係很好，兩人的技巧和經驗也都很接近，於是國務院的外交事務因此開始比較不需要拜登。凱利和希拉蕊不一樣的地方在於，他在參議院有過二十多年外交政策方面的經驗，而且和拜登一樣，長期和外國領袖維持關係。

最重要的是，這時候大家已經開始在談二〇一六年的大選。拜登很自豪自己對政府的貢獻：他曾經極力主張結束兩場戰爭，儘管無法徹底解決背後的問題；他曾經嘗試與運作不良的國會合作；另外他還曾經不惜冒著得罪歐巴馬的政治顧問的風險，表達了對同性戀權益的支持。他知道自己這一番說法會有人反對；羅伯．蓋茲絕對會是第一個跳出來的人。

在某一次訪談接近尾聲時，他談到自己這個副總統：「雖然一開始接下這個職務時我心裡有疑慮，但這確實是我這一生做過最值得的事情。」他站起來穿上海軍藍西裝外套，整理了一下袖口，準備去參加一場國安會議。拜登知道有些人——尤其是希拉蕊・柯林頓——摸不透他究竟是否會參選，但是他也不急於讓他們知道。我問起這件事時，他照例拒絕回答，說：「我死的時候，就算沒當過總統，我還是會心滿意足。」

我打電話給拜登的一個朋友，問他有什麼看法，他笑了出來：「這六年來我都在說，如果你不相信喬・拜登二〇一六年有意出來選總統，那你真的不懂喬・拜登。」

第六章　痛苦的決定

二〇〇八年，拜登決定成為歐巴馬的競選夥伴之後，他告訴歐巴馬：「我今年六十五歲了，你不用擔心我會想當總統。」要是歐巴馬做完兩任，然後是拜登接任，他將成為美國史上最老的新總統。

不過到了二〇一一年，他卻改變了主意。他開始找人去法定美國副總統官邸美國海軍天文台（Naval Observatory）開會，討論策略。他找家人去，也找長期的助理泰德・考夫曼、隆・克萊恩（Ron Klain）等人去。我在二〇一四年初首次向拜登問起這件事。他照例否認說：「我的職務是輔佐總統。我知道這聽起來很傻，不過我是說真的。我有一個職務，只有一個，那就是協助那個人，協助我很敬佩的那個人做完任期，把我們共同的理念與制訂的政策盡可能地完成。」

我再逼問，他才說：「不管我　加不　加，」二〇一四年秋季國會選舉之後，「快則一天，慢則六或八個月，總統選舉就會成為大家的議題。」

但實情是，拜登早就面臨了當代美國政壇前所未見的一個現象，那就是，過去的半個世紀以來，每一個想競選總統的現任副總統都獲得黨的提名。然而，同黨的希拉蕊．柯林頓的聲望卻異常地高漲，即使在她宣布參選的一年前，拜登的民調都落後她高達百分之五十以上。如果她決定不選，或是民調崩盤，拜登才可能進場。這樣的情形下，當時的他只能觀望，盡量維持自己的最佳狀態，一邊襄助總統，一邊宣揚自己已有的貢獻。

我問起他有沒有決定要退休還是要競選總統，他談起了他父親：「我鼓勵他退休其實是錯了。我只是想，只要你認為自己做得到，只要你身體還健康……」隨即話鋒一轉，「事實上我已經和巴拉克討論過。我對他說：『高爾當年在懷俄明州到處參加人家的生日派對，我不會像他那樣。』我不會那樣做。但是，你也知道，我並沒有決定不做這件事。」

二〇一六年愛荷華黨團會議前一年多，拜登的前景很黯淡。縱然他經常造訪南卡羅萊納（民主黨黨內初選第三站），但是二〇一二年的一次民調卻顯示受訪民眾有將近三分之一不知道現任副總統叫什麼名字。但是，作為一種短期策略，拜登私底下對總統職位放話卻對他的聲勢很有幫助。一個副總統那麼積極尋求最高職位實在引人注目。他刻意撥撩大家去猜疑他會不會去參選，好讓希拉蕊的選情徒增變數，如此一來，他就可以免去「跛鴨」的困境。拜登儘管還是看不到什麼途徑可以使他獲得提名，但是只要維持那個可能性，他就還是在牌局裡面。

他的一名助理告訴我說，拜登自認是「鯊魚，必須一直游動才活得下去」。在拜登身邊工作了三十幾年的幕僚丹尼斯·托納（Dennis Toner）話說得比較好聽：「你一輩子為的就是這個，所以，在這個節骨眼，你怎麼可能撒手呢？」

我和拜登相處越久，就越常聽到他提起「尊重」這兩個字。在他的童年，在他父親為生活打拚的景況中，在他遭遇種種人情冷暖的成長過程中，「尊重」始終是個問題。尊重一直是政治心理學永遠的關切議題（在電視影集《副人之仁》的一集中，有個情節是，茱莉亞·路易斯德瑞弗斯從一道玻璃門走過去時說了一句「你知道艾瑞莎·富蘭克林唱的那一首歌。」以此闡述尊重的重要性）[1]。不過拜登那種「老厝邊」的感性卻將它上綱到了神聖的位階。我得到的結論是，對拜登而言，競選總統這件事本身並不是真的那麼重要，他只是要證實，當他把參選當一回事，大家有「尊重」他而已。

終於與希拉蕊兵戎相見

拜登和希拉蕊．柯林頓的友誼可以回溯到一九九二年柯林頓競選總統的時候。希拉蕊一直愛說拜登總是讓她想起她老公——這兩個人打從骨子裡都是傳統型白手起家的人。希拉蕊於二〇〇一年進入參議院之後，拜登和她經常共乘美國國鐵火車。二〇〇八年，希拉蕊在民主黨全國黨代表大會上發表了一篇激昂的演講，宣示支持歐巴馬和拜登。會後，拜登跑到後台來找希拉蕊，親吻她的手，然後屈膝表示感謝。後來希拉蕊出任國務卿，拜登也全力支持。不過他們在政府當中對於動用美軍的立場卻截然不同。希拉蕊主張對阿富汗採取行動，也贊成驅逐

1 編註：艾瑞莎．富蘭克林（Aretha Franklin）是紅極一時的黑人女歌手，有「靈魂歌后」或「靈魂樂第一夫人」之美譽，是史上獲得第三多葛萊美獎的女藝人，一共十九座，當中有十一座來自「最佳節奏藍調女演唱人獎」。〈尊重〉是一首她非常紅的歌。

格達費、突襲賓拉登等任務。但是這三件事拜登全部反對。然而，他們卻每星期二固定在他家共進早餐，而且不帶幕僚。他總是到她的座車前迎接她，然後一起走到他家露台的一角。她在記錄在政府中服務的那幾年的回憶錄《抉擇》（*Hard Choices*）當中寫道：「他總是那麼紳士。」他講電話時，有時候會放下電話對她說：「親愛的，我愛你。」（"I love you, darling."）

希拉蕊的優勢再怎麼強調都不誇張。根據蓋洛普民意測驗，她曾經連續十二年一直都是全美最受景仰的女性（譬如二〇一四年，她是第一名，歐普拉位居第二，米雪兒・歐巴馬與莎拉・佩林並列第四）。為了未雨綢繆，一個政治行動委員會在大選前兩年已經替希拉蕊募集到八百三十萬美元的經費。拜登卻根本沒有募款組織。二〇一四年，彼得・貝納爾德（Peter Beinart）為《大西洋》月刊寫了一篇報導，文中盤點希拉蕊所有的資源，得到的結論是，「喬・拜登如果參選總統，他的參選極可能變成笑話一則。」他為這種可能的發展感到惋惜，因為，他認為，拜登和希拉蕊兩人的差異足以在民主黨內激發有建設性的辯論，包括針對「美國在世界上扮演的角色」等議題。

艾德．藍道爾是賓州前州長兼民主黨全國主席，是拜登的朋友，但是支持希拉蕊。那一年春天，我問他說到底拜登會對希拉蕊構成什麼樣的挑戰。藍道爾說：「他沒辦法對希拉蕊構成挑戰，因為他的政治支持者和財務支持者全都支持希拉蕊。他們會告訴喬說：『喬，我喜歡你，我覺得你會成為好總統，但是現在希拉蕊勢頭正旺。』不論如何，喬就是擋住了歷史趨勢的去路。」不過，藍道爾說，如果希拉蕊不選，或是後來退縮了，民主黨內支持拜登的就會越來越多。「如果星期二希拉蕊退選，我星期三就會打電話給喬說：『我可以為你做任何事情。』我想，希拉蕊的人百分之六十到七十都會這麼覺得。」

但是後來整個競選活動卻開始往意料之外的方向發展。那一年夏天，希拉蕊為自己的財產辯護，說了一些很笨的話。她說柯林頓離開白宮時，他們家「窮得要死」。她說她和柯林頓「並不富裕」，然而事實上這個時候她正遊走美國各地做有酬演講。反之，依照麻州參議員伊莉莎白．華倫所說，相對於希拉蕊，拜登同一個時期的發言卻可能獲得進步分子的支持。拜登告訴我說：「對於柯林頓政府所謂財富集中有利於經濟成長的說法，我對於其背後的理論基礎基本上並不同意。」他說，中產階級「覺得很挫敗」，「我覺得，財政政策和稅賦政策日後都得有重大的改變」。他說他有試過讓這種觀點「逐漸進入白宮」。這聽起來很像是政治文宣，於是當時我沒有將它寫入報導。這是我的錯誤。他當時描述的其實是民主黨內一個逐漸擴大的分歧，即對於美國勞工的不滿，尤其是白人勞工的不滿，民主黨究竟該如何回應。最後，他們有一些投向了桑德斯，有一部分轉向了川普。

他說：「我坦白跟你說，我在參議院那麼多年，參加過那麼多次表決，其中只有一次我想起來就覺得後悔，而且我那時候那樣還是出於忠誠，不知道後來事情會變那麼糟，就是格拉斯-史蒂格爾法案。」一九三三年實施的格拉斯-史蒂格爾法案（Glass-Steagall Act）規定商業銀行與投資銀行必須區隔開來，但該法在一九九九年被廢除。很多人認為此舉部分促成了二〇〇八年的金融危機。（這麼多年來，拜登表示後悔的法案其實已經有好幾件，其中包括支持入侵伊拉克以及對持有古柯鹼加重刑罰等）。

對於社會大眾，他當時訴求的是民粹式的經濟政策，這使他直接對上了希拉蕊的左派。當時，桑德斯還沒有宣布參選總統提名，但是拜登先就已經在做這些對桑德斯競選提名有幫助的宣傳。他跟一群工人說，「家得寶」家具行（Home Depot）的創辦人、億萬富翁肯・朗格尼（Ken Langone），居然曾經抱怨教宗方濟各批評過所得不平等現象。拜登自己這樣說朗格尼：「身為虔誠的天主教徒，天父，請保佑我，因為他犯罪了。」他提醒全美汽車工人聯合會（United Auto Workers）的人說，保守派已經「對勞工發動撲天蓋地、火力全開、有組織，有經費、有計謀的戰爭」。

當希拉蕊被大家逼問她的所得而焦頭爛額，拜登卻在華府告訴民眾說，他雖然穿的是一套「有一點貴的西裝」，但是他「沒半張股票或債券」（但其實他們家有價證券都登記在他太太名下）。在「喜劇中心」（Comedy Central）頻道上，喬恩・史都華（Jon Stewart）戲稱拜登為「一個老派好窮人」。

那一天在他的辦公室裡，他講他可能參選提名的事越講越興奮，而且他彷彿真的要以經濟民粹主義代言人的姿態參選。他從長沙發上站起來，走到辦公桌邊在桌上那堆東西當中找來找去。他最近才把自己二〇〇八年黨代表大會上講的話好好研究了一下，很吃驚當初講到的一些問題到現在仍然沒有妥善解決。他找到了那一份講稿，站在辦公室中間，一頁一頁邊翻邊看。「我當時說了這樣的一句話，我說：『我是為了警察、消防隊員、護士、老師、裝配線工人而競選。』」他說：「有人問我：『拜登，你為什麼一直在講所得不平等什麼的？』我回頭去看我自己的演講，發覺我就是因為所得不平等才要參選！」他站在那裡，笑著一張臉，直直看著我說：「說到所得不平等，我們討論的還不夠。以上帝之名，為什麼你敢說什麼要再增加五兆七千億的減稅額？看在基督的分上，我們為什麼一直說為附帶利益[2]扣稅百分之二十是公平的？我們到底為什麼不好好討論一下勞動所得和非勞動所得？」

「我年紀很大，但我還充滿熱情！」

吉兒．拜登自己計算，包括她先生的還有繼子博伊的選舉，她已經參與過十三次競選。有人告訴我說，拜登的家人不想再選了。我問吉兒她先生會不會再競選，她毫不遲疑的回答說「看事情的發展」。不過，她又說，辦公室裡的事情讓大家忙到沒有時間討論未來。晚上，一連串的事情忙完之後，她說：「我們回到樓上，拿出簡報簿，為明天的事情先做簡報。這是一種生活方式，你離不開。這不是職業，不是早去晚回的職業，而是你的生活，你的呼吸。」

二〇一四年夏天有一次我去採訪歐巴馬，我提起他曾經稱讚希拉蕊具有當總統的特質，然後問他覺得拜登有沒有機會。他說：「我覺得拜登會是很好的總統。他貼身觀察過總統的工作，知道這個職位牽涉到的種種。他懂得區分事情輕

2 編註：附帶利益（carried interest）指投資人在獲利後給付經理人的利潤，它也是第三章提到的「績效薪資」的一種，旨在刺激經理人盡可能地提高獲利。它在美國享有較低的稅率。

重緩急，很擅長和人打交道。他喜歡政治，和國會山莊一些重要的人關係也很好。這些都對他很有利。」

不過，我曾經無意間看到歐巴馬抑鬱不安的一刻。經過六年受困於白宮的日子，他開始自況為「籠中獸」。我們那次訪談結束幾個小時之後，他心血來潮跑出去散步，走進一間星巴克，告訴記者說「熊被放出來了」。他這種表現顯示他因為自己的兩個朋友都要出來選總統而感到左右難為。他說：「我是覺得，對喬或希拉蕊而言，他們的人生都已經有了非凡的成就。問題是，到了人生的這個階段，他們是不是願意再經歷一次那種沒有尊嚴可言的競選過程。」

他再次提起拜登。「你必須要有那個決心，要有胸中的一把火。這個問題只有喬自己能夠回答。」他說：「同時，我非常感謝他的是，他沒有讓這個問題影響我們的關係，也沒有影響他的副總統職務。他始終是絕對忠誠。他一直在承擔一些艱鉅但沒有什麼政治紅利的任務。

「你知道，我最近才派他去烏克蘭參加波洛申科的總統就職典禮，他去了；

這樣一個世界級的領袖，他足以傳達我們很重視烏克蘭的大選。」他又說：「然後那些世界領袖也得以針對我們處理的方式直接向他傳達他們的看法。這一切對他在愛荷華的初選不一定有幫助。」

我問拜登競選總統的事情他怎麼決定，他開始一項一項講起：首先是動機（「你真的相信自己有能力去改變那些你十分關切的事情嗎？」）、其次是機會（「你會贏嗎？」）、組織（「我有辦法募捐到十億元嗎？」），還有家人（「這樣講聽起來很蠢，但只要吉兒不快樂，我就不快樂。」）

我問他說，如果對手說他當總統太老了，他會怎麼回應。「我想，提出這種問題是完全正當的，我會說：『請先看看我，再做決定。』」他又說：「我衡量一個人，不論他是在運動，還是經營公司，還是從政，我都會看他是不是還有熱情，能不能把事情搞定。我是說搞定。」他敲了一下沙發旁的邊桌，說：「我從經驗中得知我也許會生病，我會得癌症、心臟病。這是第二個讓我爸爸這麼說的原因，他總是說『不要和老婆吵那種一年以後才會發生的事情』。」

長子的去世

可是後來他個人的生活卻遭受鉅變，為他後來的白宮歲月蒙上陰影，只是當時大眾還不知道。二〇一三年夏天，他的大兒子博伊確診罹患膠質母細胞瘤。這是一種侵略性腦癌。博伊育有兩個孩子，罹病當時是德拉瓦州的檢察總長。拜登和博伊父子倆非常親近，博伊既是父親的知己，又是他的後進；從十幾歲開始就對他父親的政治生涯有了不小的影響力，常常在他父親演講的時候站在他後面低聲給予提示。克雷默在《從政代價》當中講到一個故事。拜登一九八七年宣布競選總統之後，有一次演講時講到冷場。克雷默在書中寫說，全場安靜到你「可以聽到羊毛褲在人造皮椅上唏唏嗦嗦的聲音」。民眾陸陸續續離場，可是拜登還是一直在講，「最後，就在快結束的時候，博伊站在他後面，眼睛盯著他的鞋子，說：『爸……結束了。』」後來，這個父親就常常跟朋友講說，博伊「有我全部的優點，卻沒有我的缺點」。

博伊確診罹癌之後，開始接受痛苦的手術以及實驗性療法。拜登在《爸，答應我》（*Promise Me, Dad*）這本自敘平生的書中回憶那幾年的生活，說起有一次他跟歐巴馬說他必須做一次二胎抵押，好支付鉅額的醫療費用。歐巴馬回答他說：「不要這樣，這筆錢我先給你，我有。你以後什麼時候還都可以。」（後來拜登沒有接受歐巴馬這一次好意。）

治療過程一路走來，有時候像是看到了希望。有一次在我們訪談中途，他跑去接了一通電話，回來時喜孜孜地笑著，眼睛閃爍光亮。他說：「接到家人的好消息。」我問他說要不要休息一下。

他說：「噢，不用。我只是，只是沒辦法告訴你我有多高興。」

後來他的一名助理解釋說，他所說的「好消息」就是博伊的病情有了起色。但是，好景不常，二〇一五年五月三十日博伊離世，享年四十六歲。那一天晚上，拜登在他的日記中寫說：「真的發生了。神啊！我的孩子。我美麗的孩子。」

拜登家族一向自豪他們家人間的感情非常緊密，但也因此傷口痛得特別深。他說到家人時，有時候會用人類學詞彙來說「我們拜登人」（We Bidens）。（他寫說：「我們拜登人有很堅定的性格，彼此形影不離。」）有一次我去找他訪談，進辦公室時，看到他好像在想什麼事情。那個禮拜他很忙，我去找他是去談伊拉克、烏克蘭的問題，外加另外一些事情。但是我問他在想什麼的時候，他卻笑著說：「初領聖體禮，哇！」這一場初領聖體禮[3]將在那個禮拜的週末在他們德拉瓦老家裡舉行，屆時拜登也會回家。他說：「我看著我妹妹，看著那些同輩，還有一些年輕的同輩帶著他們在大學就讀的孩子回來，就覺得自己真的很幸運。我們每個禮拜都會回家，你知道，一起吃飯。我們這樣已經有二十五年。」

博伊病故的消息傳出之後，歐巴馬稱讚博伊活了「充實的一生，很有分量的一生。」他對喬和吉兒說：「拜登家族的家人不只他們自己知道的那些。」這裡面話中有話。拜登家族雖然已大富大貴，但是他們一家曾經發生過的悲劇、曾經做過的奮鬥，還有那難以置信的樂觀精神，這一切都使拜登家族比甘迺迪、柯林頓、歐巴馬等家族更貼近一般庶民大眾。

參議員哈利・瑞德向拜登家人致意時說：「有一首歌叫〈悲傷不止的人〉（A

Man of Constant Sorrow），這個歌名要是能用在誰身上，當然，那就是我們的朋友喬・拜登。」這句話很親切，但是對於拜登身邊的人而言，這個類比聽起來有點失真。拜登的悲傷，不論如何，確實很特別，但絕不是「不止」。拜登的助手兼好友泰德・考夫曼對我說：「如果你問我，我認識的人裡誰最不幸，遭遇過可怕的悲劇，我會說是喬・拜登。但你如果問我，我認識的人裡誰最幸運，曾經撞見天上掉下來的好運，那我也會說是喬・拜登。」

真情流露，願意分享脆弱與哀傷

幾十年來，拜登一向不輕易對外吐露自己內心的痛苦。第一任妻子和女兒發生車禍離世之後，他有很長一段時間只是偶爾談起這件事情。他擔心社會大眾會

3 編註：初領聖體（First Communion）是天主教孩童在七至十三歲時會進行的一個儀式，是在受洗之後，他們進一步加入教會的第二個步驟。在儀式中，他們將第一次有機會分享到代表聖體的麵餅。

有什麼反應，更何況，多愁善感也不是推崇堅忍、強悍的那一代人欣賞的作風。但是在他大兒子病逝之後，他的助理看得出來他變了。一名前同事告訴我說：「博伊的事情整個摧毀了他的驕傲。你幾乎從他的體態就看得出來，從他的站姿就看得出來。他不再是以前那個美式足球大學校隊，而是謙卑、沉穩的人了。」

二〇一五年秋天，有一次他去參加史蒂芬·寇伯特的「深夜秀」（*The Late Show*）。寇伯特曾經有過和拜登相似的遭遇；小時候，他父親和兩個哥哥在一次墜機事件中亡故。在節目開拍之前，他們在後台碰面，談了一會。寇伯特跟我說：「我覺得那一次是我曾經有過的最簡短、但是最令人動容的談話。」在訪談中提到自己的兒子時，拜登努力克制住自己的情緒。寇伯特自己因為有過相同的遭遇，所以看得出來拜登把自己的傷痛公開給大眾是有目的的。他說：「很少有人願意探索哀傷，不只不願意探索自己的哀傷，也不願意探索別人的哀傷。我想那可能是因為哀傷是會傳染的。但喬·拜登不這麼想。他不忌諱表現哀傷者的落寞，因此讓你感覺到你並不孤單。他雖然渾身上下都是典型二十世紀中葉美國男性的氣質，但是卻沒有受到那種不可暴露自己的弱點或痛苦的詛咒。」

拜登被痛苦擊倒又再站起來的經驗，讓他把「零售式政治」[4]發揮到極限。他的首席策士麥克・道尼倫（Mike Donilon）說：「有的人來找他，想問的就是『我要怎樣才能克服痛苦？』」當拜登和歐巴馬出席造勢活動時，歐巴馬已經走到終點了，拜登卻還在沿途與民眾握手話家常，他常常拖很久，以致於助理們得一再重播音樂。一些記者和工作人員總愛開玩笑說這已經是拜登的陳年老毛病，碰到民眾總是盤桓很久，和這個合照，和那個合照，還會聊起自己最愛的大聯盟職棒費城人隊。但是和他共事過的人有不同看法。道尼倫說：「音樂聲響起，很多人開始喊著要合照，有些幕僚一直推他，要他繼續走，但是他就是會停下來，他

4 編註：美國政治文化把競選活動區分為「零售式政治」（retail politics）與「大批發政治」（wholesale politics）。前者是精準的針對小數量的選民，甚至是一對一的互動，譬如拜訪選民，與選民握手寒暄，跑攤，寫信，做各類「服務」等等。而後者指的是針對一大群潛在選民的宣傳活動。

就是會坐下來，他就是會和人開講起來。」

大兒子博伊離世之後的那幾年，他的哀傷還未平復，小兒子杭特卻又深陷另一種危機。杭特多年來一直在和藥癮、酒癮搏鬥，他自己曾說那是「不見盡頭的坑道」。二〇一四年二月，美國海軍後備隊（Navy Reserve）檢驗出他吸食古柯鹼，將他除役。他的婚姻也失敗了；後來還和自己守寡的嫂嫂有過短暫一段關係。這個期間，共和黨有一些人想要打擊拜登的選情，在沒有證據的情形下，一直宣稱拜登曾經濫用職權幫杭特在中國及烏克蘭做生意。這幾年間，杭特分別在一家銀行、一間遊說公司和一家避險基金工作，但是拜登一直保持距離，避免讓人指控利益衝突。

但是這個距離後來越來越難維持。二〇一四年春，拜登是歐巴馬政府中處理烏克蘭事務的要角，杭特卻在此時加入了烏克蘭最大天然氣生產商布里斯馬（Burisma）的董事會。他決定就任該董事會董事一職，讓歐巴馬政府深感困擾。白宮堅持杭特的職位不會影響到美國的政策，但難免瓜田李下惹人非議。杭特本人多年來一邊努力走出哥哥病逝的陰影，一邊做生意，但也斷斷續續在做戒毒治療。後來他開著一輛租來的車在亞利桑那州發生車禍，修車工人在他的車內發現了一支吸食快克的工具，還在儀表板上發現博伊・拜登的檢察總長的徽章。之後他告訴《紐約客》雜誌的亞當・安托斯（Adam Entous）說，他父親和他只討論過布里斯馬一次：「爸爸說：『我希望你知道自己在幹什麼。』我說：『我知道。』」（杭特後來向安托斯道歉，公開表示加入布里斯馬董事會是「糊塗的判斷」，並且發誓如果他父親當總統，他絕不在外國公司任職。）

歐巴馬的關鍵表態

即便拜登對博伊之死的哀痛猶存，杭特也還在和藥癮、酒癮搏鬥，但是華府的人已經開始在猜測拜登是否會參選總統。在華府，他能否擊敗希拉蕊獲得民主黨的提名，成為大家熱議的話題。從最基本的幾項分析來看，希拉蕊擁有種種優勢：她比拜登年輕五歲，在黨內人緣很好，募集到的競選經費越來越多。更不用說，她的當選將締造美國歷史的里程碑，成為美國第一位女總統。

不過，另外一個因素也很重要，那就是拜登越來越明白歐巴馬認為他的總統職位當然應該由希拉蕊接任。以前，這方面的跡象不太明顯。二〇一四年有一次，歐巴馬和拜登一起接受CBS電視台「今晨」（*This Morning*）節目定期性訪問，節目中記者梅裘・賈瑞特（Major Garrett）問起二〇一六年的大選。歐巴馬先是稱讚拜登「在我做的每一件事情上面都是最好的夥伴」，接著就談起另外一個人：「我覺得也許二〇一六年我們的好朋友和盟友當中另外會有人出來競選。我們的國務卿對我們，對我和喬，都很盡心盡力在幫忙。」歐巴馬講到這裡的時候，拜登先是把頭轉向另外一邊，然後才轉回來看著歐巴馬，臉上勉強擠出一絲笑容。那絕不是在為希拉蕊背書。這個表情除了這個意思，你看不出來還有別的什麼意思。

拜登後來寫說，在他們私底下的互動中，歐巴馬「基於種種原因，委婉地表示反對」。首先，民主黨內部如果出現兩虎相爭，將會轉移民眾焦點，輿論將不再注意本屆政府最後一年的表現。其次，如果黨內因此分裂，共和黨將漁翁得利。他還寫說，歐巴馬「篤信我無法擊敗希拉蕊」。他這句話說得有點惱火。他不知道歐巴馬是不是已經答應希拉蕊支持她，不過他不希望兩個男人之間因此出現芥蒂。他寫說：「我明白，也絕對不會去逼問他此事。這牽涉到他的政治遺產，而他的政治遺產有一個很重要的部分到目前為止還沒有定論。」

拜登的顧問自有他們自己的看法。他們援引民調數字，顯示選民對拜登的支持度高於多位兩黨的競選者，包括共和黨當時最看好的前任佛羅里達州長、小布希總統之弟傑布·布希、佛州參議員馬可·盧比歐（Marco Rubio）等人。拜登在新罕布夏民調落後希拉蕊很多，但是在佛羅里達、俄亥俄、賓州等關鍵州卻是領先。另外，他在誠實、同理心等「品格」項目下得分也很高。另一方面，桑德斯在初期獲得驚人的高人氣，顯示拜登所講的所得不平等、振興工會等議題都可能獲得選民支持。但是要能擄獲這些選民，他必須動作要快。

二〇一六年秋天，拜登還不能忘掉長子博伊，要不要參選也還在掙扎。他既不募款，也不招募人手，又沒有在各州設立競選組織。道尼倫在一次邀請顧問及家人參與的會議中，看著拜登痛苦的表情，終於忍不住說：「我認為你不該選了。」道尼倫是最支持拜登參選的人的其中之一。他後來告訴我說：「我那時候相信他其實會贏。但是那一天晚上在副總統家看著他，他看起來非常痛苦。他走不下去。」

隔天，十月廿一日，在吉兒及歐巴馬陪同之下，拜登在白宮玫瑰園宣布他退出競選。他的談話一方面聽似斬釘截鐵，一方面卻又非常模稜兩可。他說：「我雖然不參選，但是我不會沉默。針對這個黨的立場，這個國家該往哪裡去，我會有話直說，知無不言。」他手上只有簡單幾張講稿。照他平常的標準而言，他說得慢條斯理，很有耐心。他的話不只是要說給民眾聽，也是要說給華府的同事聽。他呼籲他們要「終結撕裂我們國家的朋黨政治」。他說：「這個國家絕對無法承受再這樣惡鬥四年。」

將近五十年前，那個年輕的男孩子向涅莉亞的母親說他有一天要當總統，但現在看起來，這一場歷時五十年的夢想似乎就要結束。他最後一場選戰結束了，至少當時看起來是這樣。但是，他的人生常常在難以預料之處出現轉折。果然，不久之後，他又轉了一次。

第七章　為美國的靈魂而戰

二〇一七年夏天，拜登已呈半退休狀態，致力於支持癌症研究，同時經常告訴每一個來到他身邊的人說，如果當初是他，他會打敗川普。

八月，維吉尼亞州夏洛特維爾（Charlottesville）有白人至上分子舉火炬上街遊行，川普卻用贊同的口吻說兩邊都是「很好的人」（very fine people）。拜登後來告訴我說，那時候他看著川普說那樣的話，「我心裡想說，天啊，這個傢伙原來比我想的壞得這麼多。」他讀哈佛政治學者史蒂文・李維茲基（Steven Levitsky）和丹尼爾・齊布拉特（Daniel Ziblatt）合著的《民主國家如何死亡》（*How Democracies Die*），在其中不斷聽到「民主已死」的聲音。拜登說：「你看看那種行為，你聽聽他們說的那些話。除了他，還有他的追隨者，他那些勝選的同僚。」他想，川普利用的是人民心裡累積的憤怒，「事情並不完全是因為川普而發生，川普自己都未必了解。」

拜登的首要對手桑德斯、華倫等，以他們主張的「綠色新政」（Green New Deal）、「全民健保」（Medicare for All）、免學費公立大學、邊境除罪化等政見，都很清楚地是在訴求進步陣營的選民。他們獲得廣泛的迴響，尤其是在年輕族群之中。二〇一〇年代末，千禧世代（millennials，約一九八〇至九〇年代出生）和Z世代（**Generation Z**，約二十一世紀頭十年出生）在美國合法選民中將逐漸居多數。二〇一八年千禧世代有二十個人當選國會議員，其中包括亞歷姍德麗亞・歐加修－寇蒂茲（Alexandria Ocasio-Cortez）。她是桑德斯的支持者、民主社會主義分子，常常挑戰紐約布朗克斯區那些民主黨溫和派大老的立場。

不過，拜登卻認為他的同儕沒有從期中選舉當中學到重要教訓：一些年長、溫和的選民被川普嚇到，造成四十三個眾議員選區從共和黨轉向民主黨。但是，他告訴我說：「我們贏不是因為我們吸引到了反對共和黨的選民，而是推出了他們支持的議題。他們不喜歡歐巴馬健保，但是你卻突然聽到他們說：『我並沒有說我贊成廢除它。』」根據資深民意測驗專家、《破碎》（*Crackup: The Republican Implosion and the Future of Presidential Politics*）一書作者薩謬爾・波普金（**Samuel Popkin**）所說，拜登曾經和一群已經受夠了川普的共和黨員見面，討論共和黨內的分裂。波普金說：「農場破產已經接近三十年來的最高點。」二〇一八年，川普飛往威斯康辛州，向大家承諾一項他所謂的「世界第八大奇蹟」，說台灣的電子廠商富士康將在那裡設廠。波普金說：「富士康後來在威斯康辛州什麼都沒蓋。」

拜登思考競選政見時，他偏重的是一些能實際推動的「改革」，而非會引發劇烈反彈的「革命」。他不打算推桑德斯支持的「全民健保」，但是準備強化歐巴馬健保，辦法包括將聯邦醫療保險制度的保障保險年齡從六十五歲降到六十歲，增加一種「公營健保選項」（public option），該構想十年前提出時，眾人都說很激進，但是照現在的標準看，卻又變得保守了。他的團隊援引的民調結果顯示，潛在的民主黨初選選民大部分介於溫和至保守之間，一半以上年齡超過五十歲。拜登的高級顧問安妮塔・鄧恩（Anita Dunn）跟我講說：「年輕左派固然重要，六十五歲以上的老白人也很重要，因為他們上一次是投給川普。」

拜登的參選其實是在賭一個歷史發展的趨勢，即歷史的鐘擺從川普那一端盪開之後，並非就一定擺向年輕的進步陣營，也有可能擺向著重經驗及緩步改革的漸進主義。他想要說服美國人民的是，固然他有一些缺點，但他的勞工階級的生活經驗、人生中遭遇到的各種損失與磨難，讓他更足以擔當大任。

川普老早就以一種怪異的方式見證拜登作為一名競爭對手的潛力。川普個人的律師魯道夫・朱利安尼（Rudolph Giuliani）等保守派從二〇一八年開始，就一直希望媒體注意他所謂的「烏克蘭陰謀」。他在沒有證據的情況下，指控拜登逼走烏克蘭檢察總長，阻止他調查杭特和布里斯馬公司。二〇一九年七月，川普打電話給烏克蘭總統澤連斯基（Volodymyr Zelensky），要澤連斯基「幫我們一個忙」，對拜登家族進行調查。川普打這一通電話如今已人盡皆知，當時的通話內容經吹哨人揭露之後，川普在十二月成了美國歷史上第三個被美國眾議院彈劾的總統。川普自認自己行為「完美」，後來被在參議院占多數的共和黨無罪開釋。至於拜登，他在一時之間不知所措，不過他認為這鬧劇一方面足以顯示川普的心虛，一方面說明了他潛在的威脅性。拜登告訴我說：「川普決定不讓我獲得提名。」

性騷擾疑雲

二〇一九年春，拜登宣布參選前不久，他過去的行事作風意想不到地為當下帶來麻煩，而他也得去面對不同世代對「合宜行為」的認知差異的鴻溝。內華達州前州議員露西・佛羅瑞斯（Lucy Flores）寫了一篇文章講到二〇一四年在拉斯維加斯一次民主黨大會上，她和拜登之間的互動。拜登先是聞她的頭髮，兩手扶著她的肩膀，然後「深吻我的後腦勺」。

多年來，記者有時候會報導拜登常有一些不請自來的親密舉動，譬如和女性（有時候是和男性）碰額頭，摩鼻子，靠近耳邊說悄悄話。佛羅瑞斯，一個民主黨員，說拜登對她的舉動讓她覺得「憤怒」、「不快」。她倒不認為拜登的舉動構成性騷擾，那不同於近幾年內二十多名女性指控川普對她們的攻擊與冒犯（川普始終否認這種指控）。不過佛羅瑞斯說，拜登這種習慣顯示他「對女人和年輕女孩子缺乏同理心，才會侵犯她們的空間」。拜登向來很自豪他能靠肢體互動拉近與民眾的距離，這是他擅長的「零售式政治」，所以他用一篇聲明回應佛羅瑞斯，說自己「從來不曾，一次都沒有，認為自己的行為不當。如果有人這樣指責我，我會尊重，但是我自己從來沒有那種意圖」。

至少有另外六名女性也有類似的抱怨。不過也有幾位女性跳出來為拜登辯護說，比起川普吹噓偷摸女性的陰部，若是把拜登跟川普視為一丘之貉，那可是太不分青紅皂白了。拜登自己在推特寫說：「這些女性說的，我都聽說了。政治在我而言永遠都是在建立人與人的連結，不過以後我會更注意尊重個人空間。」

競選過程中不久又爆發兩性問題。前參議員職員泰拉．里德（Tara Reade）出面指控拜登，說他廿七年前曾經對她性騷擾。她說拜登在參議院走廊把她推到牆壁邊，摸她的身體，還用手指摳她。拜登強烈否認這項指控。他在MSNBC節目中說：「從來，從來，沒有發生過這種事。」記者研究里德的聲明，發現她說法前後不一，風波於是逐漸平息。不過民主黨有些人還是不滿。他們想當民主黨的領袖，然而民主黨內新興的進步派卻很厭惡性騷擾，也不喜歡權力不對等，因為這使性騷擾問題始終難以根除。

四月，拜登在一則為競選活動揭開序幕的影片中說，他的宗旨是「為這個國家的靈魂而戰」。「我們要是再給川普四年的時間，他將會完全而且永遠改變這個國家的品格，改變我們的認同。我不能袖手旁觀，眼睜睜看著這種事發生。」然而，他宣布參選之後才幾個小時，像是在預告他即將面對的一連串關於他的過去的質問，馬上就有媒體報導他在一九九一年處理安妮塔·希爾斯指控克拉倫斯·托瑪斯性騷擾一案的方式。拜登在這次媒體報導之前不久曾經打電話給希爾斯，表示他後悔自己當年處理那個案件的方式。然而這樣一通電話並沒有讓希爾斯釋懷。她告訴記者說：「我要知道已經有了真正的改變，真的追究了責任，同時也了解了事情背後真正的目的，才會滿意。」

競選初期，拜登領先，不過他卻顯得步調紊亂，毫無章法。有一次辯論的時候，他本來應該邀請選民撥打號碼「30300」到他的競選總部，然而他卻講成「Go to Joe 30330」，眾人聽得一頭霧水。結果那一晚他們不只沒有募到捐款，甚至反而出現一堆「小朋友，你們好嗎？」（How do you do, fellow kids?）這一類嘲諷他老邁昏庸的梗圖。辯論的時候，他不只不太會反擊，有時候還會對觀眾喊說「我時間到了」。原本有意捐款的人也卻步了。到了二月之時，拜登陣營一個月內用掉的經費竟然不如麥克．彭博（Michael Bloomberg）平日一天的花費。他們的新聞總監凱特．貝丁菲爾德（Kate Bedingfield）拚了命要大家注意拜登的政見，但是，她告訴我說，「我要是說『務實可行』，他們就批評說那其實是『野心不夠』。」

但是，拜登有時候秀逗的狀況比他辯論時的語無倫次，或對社交媒體的輕忽還要更嚴重。在二〇一九年六月的一場募款餐會上，他又講起他和種族隔離主義參議員——喬治亞的塔爾馬奇（Herman Talmadge）和密西西比的伊斯特蘭（James Eastland）——共事的經過，這些事情這幾年來他已經講過很多次。他說：「我們有很多事情都沒有共識。但是我們還是會把事情做出來，把事情搞定。不過今天的人們都只看對方的另一面，所以你成了敵人。」他還說伊斯特蘭「從來不曾叫我『boy』，他都叫我『son』。」

他的政敵、紐澤西州的第一位黑人聯邦參議員柯利・博克（Cory Booker）聽說他這麼講，立刻發出聲明表示譴責：「你要是叫黑人『boy』，那可不是開玩笑的。」博克告訴我，讓他憤怒的不是拜登跟種族隔離主義者合作：「我也會和敵對黨一些人合作，他們有的人想法很可憎，有的是南方邦聯的支持者。問題在於他拿出來說嘴。像我父親他們那一代人，他們上班時要是有人叫他們『boy』，那是很侮辱人的。我相信拜登說那句話時並不了解這一點。」他尊敬拜登，但這樣反而更糟糕。他告訴我說：「這會讓很多黑人幻滅，他們會覺得：『你？居然你也如此！』」博克接受CNN訪問之後，才剛走出攝影棚，就接到拜登打電話來道歉。他回憶說：「他樂於向我承認自己是會犯錯的，能把自己的缺點攤開來讓大家批評。我在政界待了那麼久，什麼時候受到傷害我當然知道。我注意到他在改變，也很願意好好處理這個問題。」

初選結果，拜登在愛荷華州的第一戰落居第四，在新罕布夏的第二戰落居第五。他的競選本部開始計算如果關閉競選總部，必須付給工作人員多少資遣費。

但是拜登後來換掉了他的高級幕僚，讓安妮塔．鄧恩來主管競選總部，並且宣布如果當選，將提名首位黑人女性大法官。然而，做了這樣的調整之後，民調仍然未見起色。如果要能夠繼續參選，他只能寄望於二月底南卡羅萊納的初選，那裡的黑人選民在全部民主黨選民中約占六成。

靠著黑人的支持，在南卡上演逆轉勝

這整個過程中，最重要的一個人莫過於他的老朋友詹姆斯．克萊本。克萊本當時是眾議院多數黨黨鞭、是美國國會中非裔美國人中職級最高，又是南卡民主黨人的教父。當年黑人民權運動期間，他和約翰．路易斯是學生非暴力協調委員會（Student Nonviolent Coordinating Committee）早期的領袖。他毫不含糊地採取進步立場，推動打擊貧窮，擴建社區醫院等，但他同時傾向堅守中道。他和年輕人聊政治的時候，喜歡說鐘擺會從左擺到右，再從右擺到左，但不論是從哪一邊到哪一邊，「一定會經過中心」。年輕一代的黑人運動家有人不滿他的「中間主義」。譬如最近他在推特上說「不要取消警方經費」，這些年輕人就很不高興。但是他卻指著辦公室幾百座烏龜小雕塑要我看，意思就是說他相信的是緩慢而穩定的進步。

距離初選已不到一個禮拜，克萊本和拜登雙雙來到已除役航空母艦「約克鎮號」（*Yorktown*）的接待室。約克鎮號除役之後一直停泊在查爾斯頓（Charleston）附近。此時拜登的選情落在第二位，輸給桑德斯。克萊本把拜登帶到一個隱密的房間，直率地勸他必須上緊發條。「你現在演講講的都是參議員的話。選舉要贏，這不是辦法。你要考慮一下以前家父的辦法。他那時是基要派（fundamentalist）牧師，每次安息日講道，他總是講到一個『三』，這個『三』不是『聖父、聖子、聖靈』，而是『你、你的家庭、你的鄰居』。」

他的建議反映的是一種非常靈活的權變。拜登也許難以投紐約人或矽谷人所好，但是，在南卡，就在二〇一五年六月川普宣布參選之後不到兩天，就發生了白人至上主義分子迪倫·盧福（Dylann Roof）屠殺九名黑人教友的慘劇，但是，想到川普也許還會再續任四年總統，那比任何政策辯論還嚴重。二月廿六日，克萊本做了一次激昂的代言演講：「我很擔心我的女兒和她們的未來；我很擔心她們的孩子，還有那些孩子的未來。」這時拜登就站在他旁邊。克萊本說：「我們都了解喬，但是最重要的是，喬了解我們。」

後來拜登在南卡以領先二十九個百分點勝出。他的對手以驚人的速度一一退出選舉，轉而支持他。他的得票率頓時飛升（德州增加近半，維吉尼亞州增加百分之百），增加的選票當中包括受過大學教育的郊區獨立選民，還有過去支持羅姆尼等人的共和黨選民。在三月三號的「超級星期二」中，拜登在十四州當中贏得十州。桑德斯硬撐了一陣之後，整個黨內初選正式結束。

拜登以三天不到的時間，從退選邊緣上演逆轉勝。這種轉折太突然了，很多人不禁心生疑竇，尤其是一些之前原本認為他已經完了的年輕觀察家。有好幾個月時間，儘管他民調始終領先，這些觀察家還是一直在他多次的失言，以及他平淡無奇但在社群媒體上很受歡迎的「中間主義」政見中，尋找選情變化的蛛絲馬跡。他的敵手，不論左派還是右派，都在社群媒體上力推一些他胡亂說話的影片，試圖證明他是個已經時不我與的過氣政客（曾經有一段時日，數據分析顯示，推特上面有廿五萬追蹤者的前綠黨參選人吉兒・斯坦因〔Jill Stein〕確實使『拜登認知力衰退』（#BidenCognitiveDelcine）成了熱門的話題。）有些觀察家雖然不把社群媒體上的抨擊當一回事，但始終認為拜登顯然已經被才智過人、滔滔雄辯的布提傑、賀錦麗、明尼蘇達州聯邦參議員艾咪・克羅布查（Amy Klobuchar）等年輕對手超越。

這些批評並非空穴來風。不論如何，拜登年齡就是比布提傑多出一倍有餘，而且，經過三年多的退休生活之後，他的選戰也打得不漂亮。不過，對拜登的這些批評從來沒影響到廣大民眾。對於多年來一直在關心他的人而言，從來就不以口才見長的拜登如今的表現並不差。他不討白宮記者團當中的年輕左派喜歡，但是他們也不是會決定大選勝負的人。

為了凝聚團結，他拒絕攻擊黨內對手

如果以純粹政治的觀點來看，他的成功不只是受益於克萊本的鼎力相助，也受益於華倫的相挺。華倫出面斥責彭博貶抑女性的言論，很快就收拾了他。彭博一直到很後面才宣布參選，並且一直對中間派喊話，但是他身為一個億萬富翁靠砸大錢競選這件事，一直飽受華倫等人的批評，而他也不知該如何為自己辯護。不過，他的顧問隆．克萊恩說，雖然有以上種種因素，但如果有人說拜登選情的逆轉完全是運氣使然，那是大錯特錯，「好像只是天上掉下來的好運」。他說，拜登在辯論中之所以始終不肯攻擊對手，其實是「一種策略」。「如果只有摧毀這些人才會獲得提名，他將代表的黨絕對不會勝選。」

拜登長久經營自己和民主黨大咖的關係，在這一次選舉中也帶來可觀的成果。我問克羅布查說她為什麼那麼快就轉而支持拜登，她就提起他們過去相處時發生的一些事情。她進入參議院之後的第一年總是很緊張，但是有一次拜登卻對她的演講讚許有加。有一次她的朋友家裡有人過世，拜登還打電話過去慰問。她告訴我說：「有很多人都很喜歡拜登，很了解他。我們現在的任務是打倒川普。我相信，除了浪費在不必要的辯論之上，我該如何利用選民賦予我的力量與託付？我全心全意支持他。有人問我說：『那你們有沒有什麼交換條件？』我說：『你在開什麼玩笑？沒有。』」

對於拜登初選選情的異軍突起，一個比較不那麼流行的解釋是，因為大家都更怕川普和桑德斯，他因此而得利。當初選到最後只剩下桑德斯與拜登兩人時，對於幾位其他參選人、南卡等州的老一輩黑人選民、以及重要金主等許多溫和派來說，讓桑德斯出線實在是無法接受的，所以他們開始轉而支持拜登。

然而，拜登之所以勝出，其實另外還得利於他拒絕部落主義（tribalism）。他的對手一直說他太老，太容易妥協，過去的紀錄很不好看，他始終不肯買廣告攻擊這些批評。他的顧問也相信拜登會撐過那些「口水軍團」（chattering class）的無事生非。新聞總監凱特・貝丁菲爾德說：「我們不會整天都想去打贏推特戰爭。」

佛洛伊德之死

二〇二〇年六月一日，喬治・佛洛伊德死亡後一週，我從華盛頓特區家中走路前往市區，要到白宮前面參加抗議活動。華盛頓特區經過幾天的動亂之後，今天終於平靜了下來，大家開始轉而靜坐示威，輪流拿著擴音器發表演講。

在現場大家所舉的牌子當中，我發現有一幅佛洛伊德的肖像，畫工細緻，是康德絲・貝克（Kandyce Baker）的作品。她今年卅一歲，是大學行政職員，今天從馬里蘭州佛瑞德里克（Frederick）家裡來參加示威遊行。她告訴我說：「我必須做點事情。」今年二月在喬治亞州南部，有一名名叫亞伯里（Ahmaud Arbery）的黑人在郊區慢跑時遭到三名白人尾隨並槍殺。這件事讓貝克特別震驚。作為一名黑人女性、一名馬拉松愛好者，她自己也經常在自家附近慢跑，總覺得自己並不受歡迎。我向她問起總統選舉的事。她說：「很不幸，我得投給拜登。我原本屬意伯尼・桑德斯。但是我不相信喬・拜登會把黑人問題擺在第一位。說到學貸問題，我覺得他不會把千禧世代的問題擺在第一位。所以我很緊張。」

貝克會去投票，但是她的緊張顯示年輕一代選民對投票這件事的意義的疑慮。對拜登而言，被黑人及拉丁裔選民唾棄將是一場災難。二〇一六年希拉蕊．柯林頓參選總統時，黑人投票人數出現了二十年來的首次衰退。在密爾瓦基等一些地方，這種衰退造成了決定性的影響。貝克說：「我投給他，完全是因為我受不了川普當總統。這是我唯一的原因。」

我和貝克結識之後幾個小時，我們交談當時所在的十字路口湧進了一批警察，飛舞警棍、施放催淚瓦斯，掃蕩示威群眾，好讓川普可以從白宮走到聖約翰聖公會教堂前面拿著聖經拍照。[1]這一幕遭到各方嚴厲的批評，弄到參謀首長聯席會議主席馬克．米利（Mark Milley）不得不出來為自己有與會道歉。這次事件之後美國全國氛圍丕變。不出幾天時間，美式足球聯盟（National Football League）修正了他們對演奏美國國歌時「單膝跪地」的立場。[2]全國各地書店探討種族主義和黑人歷史的書銷售一空。密西西比州將州旗上的南方邦聯的圖案拿

1 編註：聖約翰聖公會教堂（St John's Episcopal church）緊鄰白宮，位於拉法葉公園（Lafayette Park）對街，建成於一八一六年。二戰之後，許多美國總統都會在就職典禮當天參加該教堂的宗教儀式。五月二十五日，佛洛伊德過世之後，群眾聚集在拉法葉廣場附近示威抗議。五月三十一日，聖約翰聖公會教堂外牆被人塗鴉破壞，也因縱火而遭到輕微損害。六月一日，川普突然步行走出白宮，由警察以暴力驅趕在當地進行和平抗議的群眾，走到被破壞的教堂前手持聖經留影，並誓言要保障美國安全。此舉一出，川普受到全美各宗教領袖的厲聲譴責。華盛頓聖公會主教瑪麗安．巴德（Mariann Budde）就表示：「神聖的事物被濫用來做政治表態，某種意義上來說很傷人，且非常令人反感。」

2 編註：二〇一六年八月，舊金山四九人隊四分衛科林．卡佩尼克（Colin Kaepernick）在賽前演奏國歌時跪下單膝，以表達他對警察暴力與種族歧視的抗議。此舉引發許多爭議，有人批評他不愛國，或不該將政治帶入職業運動當中，但也有人支持他的公民意識。隨後有越來越多的球員加入他，其中包括白人球員。二〇一七年九月，川普在一場集會中公開呼籲美式足球聯盟應該要解僱這些球員，此舉引發反效果，導致兩百多名球員加入單膝跪地活動。二〇一八年五月，美式足球聯盟當局要求賽前放國歌時球員必須保持站姿、或者留在更衣室中，否則將施加處罰。然而，在佛洛伊德悲劇之後，聯盟主席古德爾（Roger Goodell）表示，會尊重和平的抗議行為，並支持「黑人的命也是命」（Black Lives Matter）運動，並呼籲做出改變，消除制度性的種族歧視。

掉，換了新的州旗。

拜登抓住這個機會，在七月四日的演講中呼籲眾人從美國人生活中「斬斷系統性種族歧視的根」，同時開始和大家一起呼籲，禁止警察執勤時使用勒頸動作，設定全國性的使用武力的標準，限制保障公務員免於聯邦民權訴訟的「有限豁免」規定。他這些動作使進步派大為振奮，但是卻激怒了部分警察人員。本來他長久以來和「全國警察組織協會」（National Association of Police Organizations）的關係一直都很好，但是現在協會的執行總監比爾・詹森（Bill Johnson）卻開始埋怨這個「以前總是挺身而出的人」。

拜登在民調中躍居前頭，但是他卻很謹慎，一直提醒自己切勿過於左傾。這時候川普的競選策略在很多人眼裡根本是公然地訴諸種族主義，自由派因此大為火光，但拜登不想因為投自由派所好，而冒險失去中間選民的支持。這時候，川普在電視上大打一支廣告，裡面的情節是，在幽暗無人的派出所裡電話鈴聲響了，答錄機回答說：「如果你是要報強暴案件，請按一。」影片結尾時，畫面上跑出一行字，說：「在喬．拜登的美國，你不安全。」

拜登和民主黨建制派多數人一樣，不願意「削減警方預算」。這一句浮泛的「削減警方預算」背後的實際措施包括廢止一些警察局，把經費挪移到心理健康、教育、社會服務等項目之上。不過他卻說，警方必須做到「符合基本的正當及榮譽要求」，才可以拿到聯邦贊助的經費，而且他還提議運用三億美元評估已有十年之久的「社區警察」（community policing）計畫。約翰．傑刑事司法學院（John Jay College of Criminal Justice）教授大衛．甘迺迪（David Kennedy）告訴我說，他希望拜登採用比較新的方法來防範暴力犯罪，焦點不要放在社區，而要針對具有最高風險、可能會捲入槍枝暴力的少數人。他說，如果全國實施這樣的方案，就「能夠將肆虐全美少數民族社區的槍枝暴力減少一半，卻不會損傷傳統警力。」

我和拜登談到在警政、獄政、根深蒂固的種族主義等各方面，究竟有沒有可能做出真正的改變？他提起了民權運動時代，在阿拉巴馬州以殘暴出名的伯明罕警長「野牛康納」（Theophilus Eugene “Bull” Connor）。「那時候我還在中學就讀，他會放狗去咬安息日上教堂的那些黑人老太太，和小孩子，還會用消防水柱沖他們，簡直真的就是想剝掉他們的一層皮。那時候的他自認有辦法用鐵腕扼殺民權運動的火苗。」但是，種種慘絕人寰的暴力畫面卻匯集成支持馬丁・路德・金恩的力量，迫使華府的白人領導者不得不採取措施，訂定了一九六五年的投票權法案。

拜登認為，今天的美國白人正因為看到手機拍攝到的警察暴力的畫面，而再次覺醒。他拿起手機揮一揮，說：「手機改變了很多事情。看著警察把佛洛伊德的臉壓在馬路上，整個鼻子都是血，我的意思是，那種強烈的景象會讓你覺得，『天啊，怎麼到今天還有這種事情？』」

此外，他還認為這種覺醒也出現在Covid-19危機之上。「那些健康無恙的人都能明白，我之所以可以輕鬆從藥房裡買到藥，是因為有人把藥放置在架子上。雜貨店也是，郵差也是。送餐到我家的那些人也是。還有那些第一線的急救人員。只要他們探頭往外看，他們就會看到。」病毒開始蔓延之後，大家受到的衝擊越來越切身。「美國民眾有的認識的人喪生了。有的認識的人確診了。因為，最初的那兩個月，你還會想說：『沒錯，是很可怕，但是我認識的人都沒事。』」

拜登說，二〇二〇的動亂不安破除了多年來深植在他意識中的一個迷思。近幾年來，他常常講一個發生在歐巴馬就職典禮的早晨的小故事：「我把我的兒子和女兒叫醒，告訴他們說：『各位，不要跟我說事情不會改變。』」接著他從座位上坐直身體，告訴我說，但是川普暴露出了這個故事的不足：

說起來很不好意思，我原本以為你能夠打敗仇恨。但是你沒有，仇恨只是躲藏起來而已。仇恨藏在石頭底下，只要有權威人士給它氧氣，它就會再跑出來。現在我所了解的是，總統說的話很重要，就算他是個糟糕的總統還是一樣。總統說的一句話可以掀起戰爭，可以促成和平；可以使市場興旺，也可以使市場萎縮。他也有可能給仇恨氧氣。

獲得華倫與桑德斯的支持

一般來說，在美國總統的兩黨初選中，民主黨候選人通常會左傾，等到初選過後面對大眾選民時，再向右靠攏。但是拜登正好反其道而行。出口民調顯露了一個很明白的警訊：即使是他勝選的那幾州，很多選民都希望他能夠像桑德斯或華倫一樣，提出在經濟、健保等方面，更巨大、更深遠的改革計畫。

不出幾個禮拜，拜登就從善如流，採用原先華倫提出的減免學貸辦法，並願意修改破產法，儘管這意味著他必須廢止自己以前協助通過的破產法的一部分。另外他還接受了之前桑德斯提出的免學費大學計畫的縮小版，同時不再反對聯邦撥款協助墮胎。就這樣，差不多一年前，他才剛向一些猶豫不決的選民保證「不會有什麼根本的改變」，結果一年之後，他卻開始宣稱美國應該要有「一些革命性的制度改變」了。

在拜登確定將獲得民主黨提名的局面明朗之後，桑德斯隨即表態支持，動作比二〇一六年那一次快多了。桑德斯很坦白地說：「我和喬・拜登的關係比希拉蕊·柯林頓好。」拜登和桑德斯為了整合他們的政見，組成任務小組，針對刑事司法、經濟、教育、健保、移民、氣候變遷等六大議題進行研究磋商。這樣的任務小組對於黨內左派和中間派是否有辦法捐棄成見、攜手合作是個嚴酷的考驗，其實雙方都很謹慎。拜登告訴我說：「我必須確認伯尼是認真的。我必須確定他不會把這個東西搞成意識形態聖戰。我說：『伯尼，如果我們做這些合作是因為你要我堅持贊成全民健保……這是行不通的。』但是我也說：『我的心態是開放的。我在聽你講話，我隨時準備聽你講。』」

為了氣候變遷任務小組，拜登徵召歐加修－寇蒂茲，與前國務卿凱利一同擔任主席。氣候變遷小組的成員包括「日出運動」的普拉卡什。日出運動是個年輕人領導的氣候行動組織，之前民主黨初選期間曾經將拜登的氣候計畫評為「不及格」。凱利和普拉卡什初次見面時，凱利請她主持談話。桑德斯團隊希望在二〇三〇年就達到乾淨能源的目標，但後來兩邊都同意延至二〇三五年。兩邊最大的分歧是裂解法頁岩油開採。拜登反對繼續在聯邦政府擁有的土地及水域推動石油及天然氣開採，但是和桑德斯不同，他不主張全面禁止裂解法頁岩油開採。普拉卡什說：「我並沒有促成所有桑德斯的綠色新政計畫，我本來也沒這麼期待。但是我們確實達成了許多協議，這是我原先想不到的。」

非營利智庫「進步數據」（Data of Progress）共同創辦人尚恩・麥可威（Sean McElwee）是個很有影響力的行動者，他從這次選舉一開始就猛烈批評拜登，可是到了七月，他的看法卻開始改變。「很多人很鄙視民主黨，但是我想他們並沒有好好和民主黨內的主要人物談過，」他跟我講說，「實情是，民主黨內的生態非常自由派。我覺得大家應該往後退一步，好好看一下拜登已經做過的事情。我很喜歡寇蒂茲這個人。她之前說她初選時不會投給拜登。還說要是換一個國家，她加入的黨會和他不一樣。本來拜登大可以嗆一句『去你的』了事，但是他的回應卻是：『那你來為我撰寫氣候政策怎麼樣？』」

在經濟政策上，有大膽突破，也有曖昧不清

七月下旬一個週間日的下午，拜登來到德拉瓦州紐卡索（一九七二年以前他曾在這裡擔任議員）一家幼稚園，準備在那裡談一下經濟。由於新冠疫情的關係，學校關閉已經有幾個月，操場上的鞦韆已經纏繞起來，讓你拿不到。他要在這一間幼稚園的禮堂辦一場疫情限制下的競選活動，整個會場看起來像是一場前衛的實驗戲劇：沒有人群、沒有觀眾區，只有一群戴著口罩的記者，被白色紙板隔離開來。播音系統對著空蕩蕩的會場播放著艾莉西亞凱斯（Alicia Keys）和碧昂絲的歌曲。

經濟的停滯已經來到聯準會主席鮑威爾（Jerome Powell）口中所說「非言語所能形容的痛苦程度」。所有的低收入美國人當中，有百分之四十當年二月份還有工作，到了三月或四月初時已經失業。金融危機十二年之後，新冠病毒再次打破了美國企業所謂自立更生、自立自強的神話。國會提出的援助計畫原本是針對中小企業，但是後來最大筆的支付有一部分卻進了金融部門手裡。幾百萬美元

的急用金進了一些「家族辦公室」裡面；那是一些為操作避險基金的億萬富翁和有錢人管理財富的私人投資公司。

拜登走到講台上，宣布將投入七千七百五十億美元到「照護經濟」之上，為全面學前教育、老人居家照護、帶薪家庭假（這在一些已開發國家早就實施）等等福利，提供足夠經費。許多美國人民在兼顧工作與照顧家人，有的時候是小孩，有時候是年老的父母，之間蠟燭兩頭燒，而這項政策就是為了分攤他們的負擔。拜登對記者說：「我自己也曾經有五年的時間做單親爸爸，獨立照顧兩個孩子。我獲得的支援雖然比很多現在過得很辛苦的人都多，但還是很吃力。」他說：「這一項計畫不但在道德上責無旁貸，在經濟上也是必須的。」所需經費一部分來自取消川普對房地產商的減稅。「全國家庭傭工聯盟」（National Domestic Workers Alliance）的華裔總監蒲艾真在推特上貼文說，拜登的提案代表的是二十年來第一次有總統候選人將「對照護經濟的投資列入其經濟藍圖的核心政策，而非次要問題、附帶問題，也不是為特殊利益團體制定的政策。」

針對拜登的此一政見，川普陣營的發言人說，這項提案「將會導致美國被社會主義政策改造」。

拜登一系列的演講都呼籲全面改革經濟，照護經濟計畫只是他幾個提案當中最新的一個。他準備投入七千億美元購買美國本國製造的產品、做研發，並創造電動車、人工智慧等高端科技的就業機會，不濫增關稅，也不煽動川普「美國第一」政策中的仇外情緒。另外他還宣布了一項兩兆美元的乾淨能源及基礎建設計畫，要在二〇三五年達成發電廠零碳排放的目標。

不過，拜登儘管展現出羅斯福式的改革熱情，我們卻不清楚他對於財富、稅賦、企業對勞工的剝削等等爆炸性問題會處理到什麼程度。他七月的一次募款餐會是由投資者與企業高級主管主持的。他在會中說：「美國公司必須有所改變。」但是接著他說的一句話卻激怒了進步派。他說：「這不需要立法。我不會提任何法案。」

我們後來碰面時，我問他這麼說是什麼意思。不立法？他回說：「媒體斷章取意我的意思。」他解釋，美國公司高層已經認識到他們必須要做根本的改革。他援引的是「商業圓桌會議」（Business Roundtable）這個由CEO組成的團體的意思，它去年曾經宣布不再以股東的利益為最高考量。拜登說：「這些人都了解他們在寅吃卯糧。」

然而他卻又告訴我說他會推動一項立法，那是華倫提出的，要禁止公司拿盈餘購買自家的股票，必須用來加薪或做研發。他說：「他們必須了解自己有個責任。我們競選的時候，歐巴馬就說過：『那不是你一個人建造的。』那條兩千萬美元的高速公路交流道——那是所有美國人民共同的心血。那對每個人都有幫助。」他還說：「我一直在和我的經濟顧問團隊討論，問他們說：『那一種法案可以要求企業盡到他們該承擔的最大責任？』那種法案是一定要的。」

不過，我卻感覺拜登似乎盡量在克制不談他的具體的經濟構想。這與其說是他的競選策略，還不如說是他在意識形態上的猶豫不定。此時此刻他面對的是一種政治上和經濟上都極為複雜的狀況：黨的提名人逐漸轉向左傾，但是他卻迫切想要贏得對那種左傾感到畏懼的溫和派和共和黨人的支持。他在情感上和勞工階級有牽連，也完全接受左派技術官僚提出的改善勞工階級處境的政策，但是你也看不到什麼跡象顯示他準備好好大幹一場，推翻大財團的宰制。就業家庭黨的莫里斯．米契爾就說：「政府已經投入數以兆計的錢，一次又一次地紓困，這是不是反而是在修補那個把我們搞到這個地步的經濟體制？」

沒有人事先想得到，二〇二〇年的選舉已經形同一次公投，美國人民要決斷的不僅是川普的道德正當性，也要決斷美國究竟該如何繼續成長茁壯，而過去半世紀以來，拜登的公職生涯都在為這個目標奮鬥努力。隨著大選進入倒數的幾個月，光是「換掉川普」這個目標已經開始顯得不足。拜登警覺到，等在前頭的危機比他過去想像的還嚴重。

第八章　做好一個總統

拜登攤開雙手說：「大家都問我：『你要是當選總統，你要怎麼做？』我就說：『那要看留給我的是什麼東西而定。不開玩笑。我這個人一直不是很聰明。事情搞不好還更糟。』」

二〇二〇年的秋天到來，疫情仍然在全美肆虐，美國在抗疫上的表現仍然是全球最糟糕的；全美已經有六百多萬新冠病例，傳染速度迄未稍見緩和，八月時每日確診人數是七月初平均人數的兩倍多，疫苗在哪裡還不知道。

在這樣的狀況之下，他的競選團隊只好開始設想一種前此不曾有過的移交過程，其中第一項功課就是也許要辦一場維持社交距離的就職典禮（拜登自己說：「你不一定需要有群眾。」）另外，拜登還可以只用行政命令，幾乎是立即，重新加入世界衛生組織WHO和巴黎氣候協議，並解除川普對穆斯林國家所定的移民限制。

另外，他的策士也開始策劃一個快得超乎尋常的立法時程。他的高級政策顧問傑克·蘇利文（Jake Sullivan）告訴我說：「不要讓自己的思維被限制住了，以為一定要按照過去的政治計算按部就班地一樣一樣來。現在這個時代沒人在乎傳統。」按照過去一般的習慣，總統會急著在前兩年立一些法案，因為前兩年是蜜月期，勝利的光輝還沒有消退，一些反動力量也還沒有回來控制國會。但是，蘇利文說，拜登「不是以『兩年』的時間表來思考事情，而是用『最初幾個月』來思考。」

拜登儘管對羅斯福讚譽有加，但是兩人各自所處的政治背景其實完全不一樣。比起羅斯福時代，今天華府內部的衝突與對立的氛圍比較劇烈，想要對健保、氣候變遷等問題進行全面的改革，很可能在此遭到挫敗。所以，拜登的一名策士說，為了防止這類情事發生，拜登和顧問設定了「禮讓」與「魅力」、「焦土」三種戰略。

他們準備看哪一個政黨在國會占多數席次來運用不同的戰略。如果共和黨還是控制參議院，拜登認為他可以吸引部分溫和派共和黨參議員和民主黨一起處理公共建設投資等常態事務。不過進步派卻嘲笑他這種想法，認為他太天真。但是拜登和他的顧問都認為，和初選時的情形一樣，事情到最後會證明他是對的。他的一名助理告訴我說：「首先，大家都認為他不會贏。會出來投票的都是年輕人，都是自由派，而他年紀大又老派。不過，拜登後來還是把他的黨整合了起來，速度之快，原本我們都認為不可能。」

可是，不管國會是哪一黨控制，他都會把某些進步派政見列為優先施政項目。譬如，他會優先提高最低工資，採取斷然措施處理氣候變遷問題，但是避開邊境除罪、免費健保延伸至「無證移民」[1]等比較極端的政策。

民主黨該追求兩黨合作嗎？

一些分析家認為，有些改革如果是教條主義進步派提出的，大家會認為很危險，但若換成由拜登提出，以他素來享有的「中間派」名聲，應該比較容易推動。根據進步派民意調查專家尚恩·麥可威的研究結果，例如氣候變遷這個問題，如果將其政策塑造成能夠創造更多就業機會、降低能源價格，而不是要讓下一代承擔的道德義務，目前搖擺中的選民就會支持。

拜登的團隊秉持這樣的看法，將他類比為第三十六任的美國總統林登·詹森。詹森運用他在參、眾兩院幾十年所累積的經驗，達成的自由派目標，甚至多過年輕自由派的精神領袖甘迺迪。拜登的顧問隆·克萊恩說：「詹森也許不是最覺醒、最酷、最嬉皮的民主黨員，但是他卻完成了羅斯福總統以後最務實、最進步的社會正義立法。這是因為有兩件事情。第一件是他在一九六四年的大選中帶來一批民主黨議員，所以他們在議會成為強大的多數黨。第二件是他懂得怎麼做才能夠讓參議院動起來。」

麥克·道尼倫曾經斷斷續續擔任拜登的顧問三十年。他告訴我說，有人說共和黨和民主黨之間的差異已經大到連基本的談判都不可能，但是拜登卻反其道而行：「雖然看起來或感覺起來我們像是壁壘分明的兩個陣營，但是他卻不會抱著

1 編註：無證移民（undocumented immigrants）即非法移民的委婉表達。

這種觀點來做總統。你會盡量和對方合作。你真的會盡量去聽對方講話。你不會一開始就說：『我不相信這個人。我和他完全沒有共通之處。』」道尼倫說，拜登認為華府人士談判時老是用錯方法：「每個人一開始談判，就衝上前去戰對方最不可退讓的底線。他們會說：『我們要先解決這個問題才能解決其他問題。』結果卻是，這個問題你根本解決不了。因此最後你什麼事情都沒有解決。」他說：「這並不是我們要在原則上妥協，但是你至少要重新審視一下你的原則。」

道尼倫知道很多人都認為這太天真了。「他也許會踢到鐵板，但是我確實認為這個國家渴望這個東西——禮讓和妥協——的欲望將會越來越大。」「民主黨人長久以來總是跟拜登說：『你活在另一個世界，但是那個世界已經不存在。』然而我卻感覺到這個國家有一天會接受那個世界。」

某些拜登和道尼倫對中庸、節制的談話，反映的是一種選戰的策略，目的是吸引溫和派以及幻滅的共和黨員。不過，嚴峻的現實是，民主黨就算在參議院贏得三席，讓他們足以控制國會兩院，到頭來恐怕還是得要訴諸難看的政治伎倆。

譬如，民主黨也許會動用所謂「預算調節」（reconciliation），在參院以簡單多數通過法案，川普和共和黨國會議員在二〇一七年就是以這種戰術通過其稅賦改革。

更劇烈的作法包括，很多民主黨人都想要廢止的「冗長發言」[2]。「冗長發言」意味著參議院裡的另一個政黨必須湊到六十張的贊成票，形成超級多數，否則參院議事就無法進行。但不只是民主黨的國會議員，民主黨的建制派也急切要求改革。二〇二〇年七月，歐巴馬在眾人呼籲聲中表態支持廢止「冗長發言」，

2 編註：冗長發言（filibuster，也有翻譯為「費力把事拖」、「議事阻撓」）是美國參議員用以阻撓議事進行的特權。反對某項議案的參議員為了拖長整個議會辯論過程，站在席位上滔滔不絕一直講話，不能進餐，也不能如廁，目的就是要拖到所有議員無法支撐下去，最終使議案胎死腹中。演講內容可以是任何題目，只要不停下來就行。曾有參議員拿《聖經》、《美國憲法》、《美國獨立宣言》、《世界人權宣言》、莎翁名著，甚至是食譜、電話簿來朗讀。一九五七年八月，美國南卡羅萊納州聯邦參議員瑟蒙德為了反對《一九五七年民權法案》而連續演說長達二十四小時十八分鐘，至今仍為最高紀錄。

認為這樣可以讓民主黨對選舉規則進行大膽改革，包括自動登記選民資格、將大選日定為國定假日、給予華盛頓特區和波多黎各公民平等的代表權，以及終結以私害公的「傑利蠑螈」（gerrymandering）的鬧劇[3]等等。

七月，我見到歐巴馬，談話中他強調自己認為民主黨已經無法再追求徒勞無功的兩黨合作。「有一件事，我認為凡是相信民主的人都必須面對，那就是大家越來越認識到共和黨採取的操作方式已經導致民主窒礙難行。在這裡，他們惡劣的地方在於，他們認為，即使民主運作不良，即使政黨政治停滯、分裂，損失較多的是民主黨的選票，而不是共和黨的。即使政府癱瘓，他們也不一定在乎。」

不過，拜登顯然保守多了。他並不支持歐巴馬廢止「冗長發言」的主張——戰術上，這是他們兩人最大的歧異所在。民主黨，他說得很謹慎，確實應該「好好思考一下廢止或修改『冗長發言』，但這要先證明共和黨『蠻橫不講理』才行」。

然而，大法官金斯伯格卻在九月辭世，兩黨和解的可能更是遙遙無期。

是否要對川普政府追究責任？

拜登進入白宮之後，自然會有一些棘手的挑戰等著他，其中之一就是要如何處理川普這個人。即使作為平民，川普仍然是一個政治及法律上的麻煩。他早在投票前就已經跟支持者講說，他如果會選輸，一定是有人作弊。在策劃近期可能的戰略時，民主黨已經在思考川普有可能會鼓動暴亂。拜登的幕僚沒有選擇餘地，只能開始討論這個過去認為根本是鬧劇的劇本。他的一名高級幕僚跟我說：「大家到處在傳一個說法，說他到時候會把自己用鐵鏈鎖在林肯臥房的床上，賴著不走。」[4]實際上，他們希望政府當局屆時會出手阻止任何人非法占據白宮西

---

3 譯註：「傑利蠑螈」（gerrymandering）是指，在美國每隔十年要根據人口普查重新畫分選區時，各州控制議會多數的政黨刻意扭曲修改，使選區界線之畫定對自己提高得票率有利。一八一二年麻州州長艾爾布里奇・傑利（Elbridge Gerry）為了讓民主黨獲勝，讓某選區的地圖在他筆下變成蠑螈的形狀，這種策略因此得名。

4 譯註：白宮二樓有一間「林肯臥房」保留至今，但是當年林肯從來沒有在那個房間睡過。

廂。這名幕僚接著說：「憲法上，一月二十日新總統就接掌大權，也開始有權指揮所有的政府單位，」他這裡指的是軍方和警方。另一方面，拜登政府同時還得面對另外一個完全不同的難題：即使還沒投票，就已經有民意在問，新任政府將如何追究前任政府的腐敗、瀆職、與管理不當？

普林斯頓大學歷史系教授凱文・克魯斯（Kevin Kruse）呼籲拜登仿效一九三一年「佩科拉委員會」（Pecora Commission）的方式，調查前任政府對新冠疫情的處置方式。佩科拉委員會以其調查長斐迪南・佩科拉（Ferdinand Pecora）為名，成立目的是要調查一九二九年經濟大蕭條的起因。結果他們意外發現，美國幾個位高權重的機構高層嚴重的貪腐，他們不但偷偷發給自己紅利，而且還以低於市價的價格將股票發放給一份秘密名單上的大客戶。事情曝光之後，民間因此開始支持羅斯福的「新政」，進行政治、經濟面的全面改革，其中包括成立美國證券交易委員會。克魯斯說：「我們有前例可循。傳統上，要是發生可怕的事情，尤其是已經有幾十萬美國人民死於非命，政府必須成立像九一一委員會那樣的單位，展開調查。」

不過，克魯斯希望的是，如果成立「新冠疫情調查委員會」（Covid-19 commission），該委員會調查的範圍要涵蓋他所看到的川普時代的貪腐、瀆職。「要推這個很難，因為政治上，就是會有一些人把合理的追究責任，當作是政治追殺。」歐巴馬政府之所以沒有起訴那些販售不良債券與衍生性金融商品的銀行，以及中情局那些刑求逼供者，主要的原因在於歐巴馬，如他自己說的，「要往前看，不要往後看」。但克魯斯認為這種想法是錯誤的：「你每一次這樣做，都是把正當的究責當作是莫須有的報復。之後我們一定得付出代價。如果本該予以究責的嫌犯都得以倖免，甚至後來又復出，擔任要職，他們就會越來越肆無忌憚，因為他們這一次又脫身了。不向他們究責，只會腐蝕大家對體制的信心。大家會說：『我犯點小錯就去坐牢了，但這些人做的事比我壞多了，卻逍遙法外。』他們說的真的沒錯。」

有人向拜登建議起訴特定幾個人，拜登拒絕；他說「那是司法部那些專家的事」。但是後來，川普開除原先受命監督防疫工作的監察長，拜登因此誓言以後要任命一名監察長來追查三月國會通過的二點二兆振興方案。[5]他說：「被貪汙掉的每一塊錢，我們都要找到。我們會把錢找回來，並嚴懲不法者。」拜登警告「任何參與川普總統及其政府虧空國庫的貪汙行為的人」，調查單位可以將可能的嫌犯移送司法部。

我和布提傑談到對川普究責這件事，他說，美國的年輕人比較不會認為把歷史翻到新的一頁——例如一九七四年福特總統特赦尼克森——是什麼高貴的向前行。「我覺得調查委員會的想法真的很有意思。不管它如何運作，首要目的都必須是能夠讓共和黨擺脫川普主義，繼續前進，並省思共和黨為何會掉入這個陷阱。它不可以是讓得勝的政黨去清算敵人，它必須是這個國家的療傷過程，必須是價值與典範的確立。」

很多人批評歐巴馬政府在追究前任政府責任上做太少，甚至包含許多當時的政府官員，這點相當令人吃驚。歐巴馬的一名助理告訴我說：「我們在歐巴馬執政初期學到的一課是，息事寧人對我們其實沒有一點幫助。因政治動機而起訴某人當然不應該，但是如果在遵守法治原則下追查責任，那就應該要去進行。不起訴任何人，沒有讓我們從共和黨或企業界那裡得到任何的善意或掌聲，甚至反而失去了一個修補美國經濟與國家安全破洞的寶貴機會。」

如何拉攏進步左派？

拜登如果當選，新政府在最初的一百天除了要規劃好施政的計畫表之外，不但要面對右派的反對者，同時還得應付民主黨內部的掣肘。八月時，競選團隊中的氣候變遷小組「日出運動」在推特發文給「建制派民主黨人」，誓言就算川普下台，還是會繼續批判政府：「拜登只是我們將川普踢出白宮的工具。請各位準

5 編註：葛林．費恩（Glenn Fine）原本是美國國防部的代理監察長（Acting Inspector General），在二〇二〇年三月三十日被任命為「疫情應對問責委員會」（Pandemic Response Accountability Committee）首屆的主席，但四月七號就被川普開除。

備好迎接來自憤怒年輕世代地獄般的四年。」麥可．卡津（Michael Kazin）是史學家兼左派季刊《異議》（*Dissent*）的共同編輯。為了了解拜登會用什麼方法整合黨內的中間派、寇蒂茲側翼等等派系，我找卡津在華府一處公園做了一次訪談。我們保持社交距離，隔著野餐桌，分坐兩端，活像冷戰小說中的間諜。

卡津說：「歐巴馬拉高了人民的期待。左派的人，先不管到底有哪些人，會說：『他承諾的那些東西我們都很喜歡，但是他沒有做到。』這裡的問題在於，這有多大程度是他的錯？有多少是他無法克服的結構性障礙？時機對不對？以及他該怎麼做來救經濟？問題有一部分在於因為他相信兩黨可以合作。我認為，他太高估了自己的能力，以為自己能夠運用自己的人格力量和論述來說服人民。」

令我驚訝的是，卡津認為，年輕進步派儘管話說得很激進，不過還是會支持拜登的一些政見。「左派，特別是年輕的左派，有很多人都認為必須將民主黨拆開，由寇蒂茲等這樣的人來帶領。但是，從策略上來說，他們卻知道現在人民並沒有這樣想。他們積極助選，幫助主張全民健保、免學費大學、優質公共住宅、警政改革，甚至是削減警方預算的民主黨左翼人選。雖然這些都是很激進的改革措施，但還是改革。」他提到《異議》最近有一篇文章呼籲仿照澳洲實施「強制投票」（mandatory voting）。他說：「這不太可能在美國發生，不過，要有的話，就太美妙了。」忠誠反對黨必須探討這種構想，那是他們工作的一部分。「請注意，我們是激進的刊物。我們必須談這種事情。我不認為我們真的要削減警方的預算，但是我們支持人民探討這個想法。」

他說，拜登如果想留住左派，讓左派成為他的聯盟，就必須確實將最低工資提高一倍，並讓工人更容易組織工會。「這種事情不會一次全部完成，但是，工會，包括支持桑德斯的工會，現在大部分都是支持他的，因為他們知道這才是真正的有好處。有些事情歐巴馬搞不懂，但是拜登知道，譬如工會是民主黨重要的基本盤。工會的人越多，民主黨就選得越好。你從白人選民身上就看得出來：工會白人選民投的是希拉蕊，非工會白人選民卻一面倒投給川普。這種差異特別大。」

最重要的是，他說，如果拜登要做到他那些羅斯福式的承諾，他必須先努力恢復美國人民對政府的信心，讓他們知道不論他們屬於哪一個黨派，政府都會回應他們的需求。他說：「一九三〇年代的美國政府運作良好，二戰期間運作也很順暢。所以人民有信心，因此他們會一直把票投給自由派或共和黨溫和派。」可是現在，人民對政府已經失去信心。「現在你必須想辦法說服人民相信政府會說到做到。左派的人現在的看法是，『全民健保，人民喜歡！』不過，是啊，要做得到才行。」

歐巴馬支持的就是這種觀點。他曾經指出，進步派的主張是有彈性的，只要他們能看得到有結果就好。他說：「我不認為他們真的會一項一項檢查他們的政策目標是否有達到。他們真正想要看到的是，你能讓政府機器動起來，去推動我們的理想，去滿足我們的期待。他們想看到的是，如果美國人大多數都支持處理氣候變遷，你會把一些事情做出來，而不是被卡在參議院或眾議院，結果一事無成。」

拜登如果想獲得來自左派的支持，方法之一就是找進步派到他的政府當中擔任要職。桑德斯那邊一名資深顧問告訴我說：「坦白講，你去細看歐巴馬在位那幾年，他們內部根本沒有什麼進步派的聲音。你有聽過他們中間有人質疑說：『嘿，你這樣放棄太多原則了。你不是應該和這些混蛋鬥一下嗎？』」但是在拜登政府內部，他接著說，「那也許是幕僚，也許是他身邊的人。如果他代表的是民主黨內建制派的聲音，那麼這些握有實權的人就有職責要追問他說：『好，你要用什麼方法來幫助那些有所失去的人？』」

拜登在這方面已經有一些表現。多年來，他一直倚重道尼倫、克萊恩、考夫曼等這一群幕僚。去年，《政客》（*Politico*）雜誌形容這一群幕僚「非常像拜登：既老，又白，在民主黨內有過輝煌的戰績。」但是這個點將錄遺漏了西蒙·桑德斯（**Symone Sanders**）等幾個人。西蒙·桑德斯今年三十歲，曾經擔任伯尼·桑德斯的助理，是拜登陣營中最有影響力的黑人顧問。拜登知道，要能滿足美國人民的種種需求，他必須廣納賢才，在他身邊招募一群有各種背景與經驗的人。他告訴我說：「我的政府看起來一定要像美國。這很重要，真的，真的很重要。」他說，他希望以後的人們記憶中的拜登是「知人識任，將許多才華洋溢、但本來沒有機會一展身手的人帶進美國政府。」

民主黨溫和派總認　他們黨內意識形

拜登當選後，其閣員在膚色、性別、年齡上的組成充分反映了年輕選民對「新美國多數」的期待，譬如其初選時的對手布提傑（Pete Buttigieg）被任名為交通部長，成為美國史上第一位公開同志身分的內閣部長。（照片來源：維基百科）

態的鴻溝並不太大，是在可控範圍之內，這總是讓我訝異非常。有一次我向溫和派的明尼蘇達州參議員克羅布查提到說，拜登想要保住左派的支持恐怕有困難，她回答我說：「我不同意。」她說真的有鴻溝存在的，是支持川普和反對川普兩邊的人。「我們黨內的歧異沒那麼大。你看參眾兩院的警政改革議案，眾院和鄉村地區很多溫和派都支持它。」

「日出運動」在推特上的貼文儘管砲火猛烈，其創辦人之一普拉卡什卻認為拜登當總統是一個好機會。她說：「我們一定要讓這個人當選，讓我們的政策真的有機會得到落實。在美國，進步的政策總是發生在溫和派總統當政時。尼克森在位時，我們建立了環保署！艾森豪在位時美國建造了州際高速公路。」她笑一笑說：「關鍵在於不要自滿或自以為是。要在中間找到有利位置，然後站穩腳跟。」

團結、妥協、和諧，太愚蠢？

二〇二〇年整個夏季，川普的民調一直落後。拜登獲得的民調數字是有現代民調以來所有挑戰現任者的人當中最高的。川普雖然後來在白宮前面舉辦競選活動，民調也還是沒有起色。拜登常說他要追求「全國人民的團結」。但那是什麼意思呢？追求團結是治療政治癱瘓的良藥嗎？

人民對「團結」的期待曾經幫助歐巴馬進入白宮。不過現在團結的意義已經不一樣了。就業家庭黨的米契爾告訴我說：「歐巴馬的選民是一群天真的美國人。現在這一群人已經長大。他們現在比較憤世嫉俗，比較強硬，問題比較多，想知道的數據也比較多。大家都想知道：『那個政策的細節如何？』現在大家都會上網，會仔細地閱讀、檢視施政計畫。所以拜登必須明白說清楚：『只要我們翻轉參議院，哪些政策就會付諸實行，哪些人會進入我的政府擔任要職，哪些川普時代的政策我會翻轉。』你不能只是含糊帶過。」

這個夏季，歐巴馬有時候會住進他們位於瑪莎葡萄園（Martha's Vineyard，在麻州外海的一座小島上）的家，寫他的回憶錄。我問他會如何預測將來拜登政府的表現。桑德斯退出之後，他開始支持拜登，在競選團隊中扮演恰如其份的角色，總是在電視談話會、募款餐會中適時出現在競選人拜登身邊。他和拜登常常講電話，只是大家都不知道他們聊些什麼。川普也樂得把拜登政府描繪成歐巴馬時代的公然復辟。歐巴馬最近一次在約翰．路易斯喪禮上慷慨激昂的演講，提醒了愁雲慘淡的民主黨他們曾經也有一段樂觀的歲月。

民主黨建制派沒有讓美國有多大的進步，年輕人感到很失望。我向歐巴馬問到這個問題。他舉健保為例，告訴我說：「我和喬都發覺到種種束縛和羈絆，覺得很苦惱。但就當時的條件來，我們盡力做到最好了，兩千多萬人因此有了健保。密蘇里州也擴大了照護措施，那大約是幾十萬人。而且現在你還會有機會進一步予以改良。所以，對於年輕世代，我想我可以這樣回應，那就是，是的，你們應該繼續大力鞭策！因為進步就是這樣來的。」

有人批評說他的政府太容易妥協。他對這個說法有點惱火。「我想要推動的法案，喬想要推動的法案，至少和目前很多年輕人的理想一樣大膽、進取。你要是去問喬還是問我說我們有沒有後悔什麼事情，我們從我的政府學到了什麼教訓，那麼我會說，那並不是我們提出的計畫不夠大膽，而是因為我們始終相信共和黨在國會會遵守遊戲規則，會願意協商與妥協。」

二〇一二年，歐巴馬競選連任，那時他曾經寄望勝選之後會出現一個配合度比較高的國會。那時候他曾經說：「一時的政治激情會消退，因為在共和黨的傳統中，始終是有務實理性的。」不過那個希望後來破滅了。他告訴我說：「我和年輕人碰面時，我對他們說，請注意，我們的氣候倡議非常先進，只是沒有通過。之所以沒有通過，不是因為有說客和金主在我們耳朵邊竊竊私語！而是因為我們在參議院沒有六十席。公營健保選項也是這樣，移民改革也一樣，都在國會被擋住。事實上，共和黨的做法傷害了參議院由來已久的那種協商和妥協傳統，喬剛進去參議院的時候是有那個傳統的。他應該花了一點時間才有辦法適應那個傳統的消失，因為他有那種把事情搞定的經驗。我想對他來說，看到參議院這樣的機構淪落如此，他應該會很難過。」

拜登常常說美國「不產生共識就無法運作」。但是，當他強調國會的和諧很重要的時候，很多年輕人覺得他要不是被耍了，就是自己不戰而降，向敵人低頭。二〇一九年他曾經說，川普下台之後，國會議員將會「**幡然醒悟**」，這個說法就飽受嘲諷。不過，依照他的想法，兩黨會不會合作端看勝選的程度而定。他告訴我說：「如果我們贏了，我們會多出五到六席，我想這時候國會就會幡然醒悟，因為到時候你真正需要的其實是共和黨裡面稍微看到了那個光明的三席，或四席，或五席。我覺得，川普雖然不在，你還是不能低估他的影響力。他那種報復心、卑鄙，不惜自己花錢追殺宿敵，你看賽辛斯（Jeff Sessions）就知道了。」賽辛斯是前司法部長，川普在前不久的阿拉巴馬初選中把他毀了。[6]

6　編註：賽辛斯是阿拉巴馬州重量級人物，曾三度連任聯邦參議員，並於二〇一六年鼎力支持川普參選。川普當選後，賽辛斯被任命為司法部長，力圖推動右派理念的司法改革。然而，二〇一七年三月，賽辛斯宣布他將迴避司法部所有關於川普「通俄門」醜聞的調查，以確保那年夏天我曾經和歐巴馬政府一名資深官員碰面，他很擔心拜登太過樂觀，恐怕會付出不少代價：「他真的認　自己能夠把反川普人士帶進國會，建立某種兩黨共識嗎？我從我的經驗中知道那根本是個陷阱。我們卻走進去了。你的人馬失去信念，但共和黨一點也不會感謝你。你浪費了很多時間，結果還出現了更極端的茶黨！」

「給人民光明，他們自己就會找路走。」

八月，在眾人的引頸期盼下，拜登做了一個意義非常清楚的選擇：邀請賀錦麗作他競選的搭檔。賀錦麗來自加州，是資淺的參議員。拜登當時支持種族、族群多元甚於意識形態多元。他找賀錦麗作副手，讓她可能成為第一個擔任美國副總統的黑人、南亞裔，與女性。不過她和拜登一樣，從來不是進步派的首選。她在參議院雖然也擁有最具自由派色彩的「贊成」紀錄，但是她當年擔任舊金山區檢察官和加州檢察總長的多次表現，卻讓進步派很失望。那時候她曾經對警政改革舉棋不定，卻嚴厲起訴逃學學生的家長。7

拜登宣布的時候，賀錦麗就站在他身旁，展現出躍躍欲試、加入戰場的旺盛企圖。她批評川普治理下的美國經濟「和他接手的每一件事情一樣，被他搞得一塌糊塗」。她還猛打川普說「每八十秒就有一名美國人死於新冠肺炎」。川普及其代理人勉強找到了一種反擊的方式，即取笑她的聲音、姓名，甚至還發電郵給支持者，說她「在美國參議院所有人裡面最卑鄙、最可怕、最無禮，而且**最自由派**」。

調查的公信力。川普為之大怒，兩人因此決裂。七月，川普接受《紐約時報》專訪時表示，如果他早知道賽辛斯會申請迴避「通俄門」的調查，當初就不會派他為司法部長。隔年十一月，共和黨在期中選舉中大敗，隔天川普即開除賽辛斯。二〇二〇年，賽辛斯再度投入阿拉巴馬州參議員的競選，但因為川普的百般攻擊，賽辛斯落敗於共和黨內的初選。

7　編註：為了解決加州日益嚴重的輟學問題，賀錦麗曾推動一項在二〇一一年通過的立法，授權給檢察官起訴那些其子女在沒有正當理由下蹺課超過年度百分之十的學生家長。結果，有些弱勢族群的家長因此被逮捕。

獲知拜登這項宣布之後，我打電話給之前在示威遊行中認識的康德絲・貝克，詢問她的看法。她之前曾經說自己「很不幸」打算投給拜登，現在她則是很高興選票上出現一名黑人女性候選人，但是她擔憂其中的政治算計。「我贊成候選人改變立場或是承認：『嘿，那是二〇一五年，那時候我比較不了解事情。』但是我還是需要賀錦麗講清楚她為什麼會改變立場。」她說：「光是說今非昔比當然不夠。」

八月下旬，賀錦麗在民主黨全國代表大會上發表演講。她話說得很好聽，但沒有解釋清楚問題：「新世代激勵了我。你們逼迫我們了解這個國家的理想。」她會在拜登政府擔當重要角色，但是不會像拜登那樣替歐巴馬做對國會的聯絡官，因為拜登自己可以扮演那個角色。她顯露出一股潛力，似乎足以擔當和年輕、更多元的選民溝通的橋梁，而且，從接下來她與彭斯副總統的辯論會開始，她強大的聲量將能夠對抗川普主義，彰顯拜登政府的價值觀。拜登一向很驕傲他是一個忠誠、守本分的副總統，而賀錦麗也需要習慣她作為黨內第一順位接班人的新地位，同時不要冒犯她的老闆。

民主黨這一次全代會和這個時期的很多會議一樣，都是線上會議。這樣的侷限更喚起了人們心中的焦慮。歐巴馬對美國人民，尤其是年輕人，做了一次慷慨激昂的演說，要求他們不要再憤世嫉俗，不要再對政治冷漠。要不然，他說：「民主將會開始萎縮，甚至最後會死亡。我們不能讓這種事情發生。」在他的論述中，個人主義更是一種責任，而非為所欲為的特權。「不要讓他們奪走你們的權力。」

這樣的前奏響起，揭開來拜登這場堅持端正風氣、理性務實，並悲嘆美國的「黑暗時代」（season of darkness）的選戰的序幕。在一次演講中，他雖然沒有點名川普，但是卻力言美國人民不應受制於過去與當前的失敗。他宣稱：「**我會努力激發美國人民最大的優點，而非最大的缺點。**」他引用民權運動偶像艾拉．貝克（Ella Baker）的話說：「給人民光明，他們自己就會找路走。」

全代會上，平民百姓一個接一個上台見證他們經歷的挫折。來自亞利桑那、三十九歲的克莉絲丁・烏爾奎瑟（Kristin Urquiza）說，她父親馬克・烏爾奎瑟之前投票給川普，也相信川普對疫情防治的保證。但是，她說，他後來卻「孤伶伶一個人死在加護病房，只有護士握著他的手」。來自新罕布夏、十三歲的布瑞登・哈靈頓（Brayden Harrington）在台上表示感謝拜登曾經說他們兩人「是同樣的人，因為我們都口吃」。過去，正式的代表唱名在民主黨全代會是很普通的儀式，但是這一次用錄影的形式呈現，呈現了美國南起加勒比海，北至達科他、阿拉斯加之遼闊富饒的國土，視覺很俗麗，但卻有安撫振奮人心的效果。它很適合當下的美國，因為此時美國人民在痛苦的經驗中學到了一個教訓，那就是：政客或許可以給我們光明，或至少不遮蔽光明，但是路卻要我們自己找才行。

療癒的語言

如果拜登當選，中國崛起、氣候變遷、人工智慧對經濟與就業的衝擊，更別提如火如荼的兩黨惡鬥，種種爭議與策略都等著拜登總統去處理。然而，在此之外，有一系列更深層的問題將決定拜登政府的本質。在針對美國的宿疾開藥方時，左右他的決策的是人生中兩種截然不同的力量，一個是高舉個人責任的美式政治神話，一個是發生在他個人身上的不幸際遇。哈佛大學政治哲學家麥克・桑德爾在《成功的反思》中寫說：「即便不平等問題已經嚴重到無以復加，美式大眾文化卻不斷地教育大家，認為人必須為自己的命運負責，你種下什麼因，就得到什麼果……成功，是自己的功勞；失敗，我們只能怪自己，不能怪別人。」然而，在這個新冠病毒肆虐、系統性不正義無所不在的時代，桑德爾主張，「切身感受到生命之不可捉摸的偶然性，將使人產生一種謙卑，體會到『因為神的恩典，或是因為我意外的出生，或是神秘不可知的命運，我才成為今天的我。』」

拜登，永遠的政壇風向球，這次打賭美國人期望一種新型態的政治。他很清楚國會議員心裡在想什麼——他們會搞權力平衡，會趨吉避凶，會縱橫捭闔——但是他相信那裡面至少有幾個人會願意和他合作。不過，他的團結的形象仰賴的不僅僅只是華盛頓的政治機器，更在於他要讓人民感覺到，首都之內確實有人在聽他們說話。

在二〇二〇年這一場史無前例的古怪選舉期間，拜登的助理每一天都會找一名平民百姓和他講電話。春季一天的下午，和他連上線的，是密西根州迪爾彭（Dearborn）的穆罕默德・卡札茲（Mohammad Qazzaz）。卡札茲是咖啡烘焙業者，三個禮拜以前確診感染新冠肺炎。拜登打電話過來時，他為保護妻小正在做居家隔離。

卡札茲做了電話錄音，後來放給我聽。他在電話中告訴拜登說，他兩歲的女兒不懂他為什麼都不出房門：「她一直叫我，『把拔開門，把拔開門！』」他講這件事時，聲音都哽咽了。然後他力持鎮靜，向拜登說：「副總統，很抱歉！」

拜登回他說：「你不需要抱歉。我覺得你的情緒完全合理。然後，就像我媽媽說的，『你要把它釋放出來。』」

他告訴卡札茲說，他的小孩子也曾經像他女兒那樣，不了解他們家遭遇的危機。「我們的遭遇很不一樣，不過我勉強可以懂你的心情。」他建議卡札茲和女兒玩個隔門遊戲，要她猜數字或顏色。「跟她講故事，告訴她爹地病好了以後會是什麼樣子。」然後他們還聊到卡札茲的父親，他從耶路薩冷移民來美國。「你聽我說，你會平安無事的。咱們美國之所以是美國，就是因為它是個移民國家。」這一通電話原本預計講五分鐘，但後來足足講了二十二分鐘。

聆聽那一段錄音，讓我想起羅斯福總統一句很多人都知道的話：「總統並非只是行政長官……他更是一個道德領袖。」喬．拜登的一生充滿了種種的錯誤、懊悔，以及慘痛的悲劇。他如果當選總統，他不會說冠冕堂皇、打動美國魂的好聽話，但是對於哀痛中的美國，他或許能給予一種慰藉，一種療癒的語言。

謝詞

本書的內容大部分都曾經發表在《紐約客》之上，我特別感激那裡的前同事和現在的同事。我為拜登寫的第一則報導是由備受尊敬的約翰・本內（John Benner）編輯的。短篇連載的部分有經過維吉妮亞・凱農（Virginia Cannon）、艾咪・索爾金（Amy Davidson Sorkin）、卡拉・布魯門可蘭茲（Carla Blumenkranz）的潤飾。二〇二〇年大選期間，我重新回頭撰述這個主題，這一次我非常幸運有尼克・托特維因（Nick Trautwein）擔任我的編輯，這個人不但直率，還具有外科醫師般的精準銳利。另外我也很感謝黛德瑞・法利孟德爾頌（Deirdre Foley-Mendelssohn）、朵樂絲・維肯登（Dorothy Wickenden）、大衛·雷姆尼克（David Remnick）三位；他們維持了雜誌社追求公平、進步、工作狂的文化。

在基本的事實查核及編輯事務上，本書在很多地方受益於下列諸位：瑪德蘭·巴佛斯譚姆（Madeleine Baverstam）、詹姆斯·海因斯（James Haynes）、伊森·吉維爾（Ethan Jewell）、露絲·馬格利特（Ruth Margalit）、特瑞莎·麥修（Teresa Mathew）、蓓特希·摩瑞斯（Betsy Morais）、麥修·希爾伯曼（Matthew Silberman）、海蓮娜·韋納（Hélène Werner）、漢娜·維連茲（Hannah Wilentz）。

沒有我那一位優秀的經紀人兼友人珍妮佛·喬爾（Jennifer Joel）就沒有這本書。另外我要特別感謝強納森·卡普（Jonathan Karp）。這幾年來他對我的作品一直勉勵有加，本書也是經過他盡心盡力才有機會出版。在斯克里布納（Scribner）出版社，南恩·葛瑞恩姆（Nan Graham）一開始就熱烈贊同我的構想；編輯科林·哈里森（Colin Harrison）在本書每一頁的撰述方面都是我堅定的夥伴。另外我也很感謝莎拉・高爾伯格（Sarah Goldberg ）、馬克・勒福樓爾（Mark LaFlaur）、布萊恩・貝爾菲格里歐（Brian Belfiglio）這三位。

但是我最虧欠的，還是我的家人。我的太太莎拉蓓絲永遠的正向樂觀影響了我的政治論述的每一字每一句。還有奧立佛和羅絲，他們提醒了我，為什麼書中寫下的東西是重要的。

參考資料

本書由二〇一一至二〇二〇年間刊登在《紐約客》雜誌的幾篇報導集合改編而成。拜登一生的經歷總像是在告訴人說：「人生不是蒸蒸日上，就是滾滾而下。」我在二〇一四年四月初次在飛往東歐的空軍二號座機上見到拜登。那時是他死氣沉沉的第二個副總統任期，政治生涯的下一步仍懸而未決。歐巴馬的民調滿意度低靡，華府也因為黨爭而癱瘓。這樣的時機，拜登如果要公開討論參選總統，顯然並不適宜。這幾年來，我總共對拜登做過四次訪談，最近的一次是在二〇二〇年七月。這個期間，我同時訪問過一百多位他在政治圈身邊的人，包括對歐巴馬訪談兩次，還有拜登的家人、長期的助理、華府及德拉瓦州等地的反對人士及相關人士。

拜登無心插柳所得的專業知識非常豐富。因為我有十年在海外擔任記者，最初我是因為他負責處理外交事務而被他吸引，把他當作我撰述的主題。我後來發現，因為他的經驗極為豐沛，對事務有自己獨特的好惡，也一直不擅於像華府新聞圈那樣用虛矯的語言掩飾自己的想法，所以我可以從他那裡聽到他對美國政治文化的許多真知灼見。他不是不會拐彎抹角打官腔，但確實沒有辦法像別人那樣玩得那麼順。

除了當面訪談之外，很多位學者、記者撰述拜登生涯及其背景的著作也讓我受益匪淺。下列的註釋雖然不夠詳盡，但是我希望它們勉強可以告知讀者有哪些寶貴的資料來源。

前言

The account of Biden's aneurysms, and his recovery, is drawn from interviews with him and his family members. As with most major episodes in his life, I was also informed by valuable details in his memoirs, *Promises to Keep* (2007) and *Promise Me, Dad: A Year of Hope, Hardship, and Purpose* (2017). Other insights on his medical crisis appear in *What It Takes: The Way to the White House*, by the late Richard Ben Cramer, the unrivaled account of Biden's run for president in 1987.

Biden's comment to a minister in a private meeting is drawn from my interview with a firsthand witness.

第1章

James Comey's characterization appeared in his memoir, *A Higher Loyalty: Truth, Lies, and Leadership* (New York: Flatiron Books, 2018).

I am grateful to Patrick Fisher for his insights on the political effects of the millennial wave, which appear in multiple publications, including "Generational Cycles in American

Politics, 1952–2016," *Society* 57 (2020): 22–29.

For observations on the evolution of young left, I benefited from an in-depth essay by John Judis, "A Warning from the 60's Generation," in *The Washington Post*, January 21, 2020; *The Next America: Boomers, Millennials, and the Looming Generational Showdown* by Paul Taylor and the Pew Research Center (New York: PublicAffairs, 2014).

Details on early encounters between Obama and Biden also appear in Steven Levingston's rich and engaging narrative, *Barack and Joe: The Making of an Extraordinary Partnership* (New York: Hachette Books, 2019).

第11章

Jeff Connaughton relayed his impressions in his book, *The Payoff: Why Wall Street Always Wins* (Westport, Conn.: Prospecta Press, 2012).

Data and analysis on the Silent Generation appeared in Elwood Carlson's *The Lucky Few: Between the Greatest Generation and the Baby Boom* (The Netherlands: Springer, 2008).

For observations on evolving American notions of luck and will, I drew on Maria

Konnikova's *The Biggest Bluff: How I Learned to Pay Attention, Master Myself, and Win* (New York: Penguin Press, 2020).

Biographical details in this and later chapters are drawn from interviews, and as well as from *Promises to Keep*, *What It Takes*, and Biden's second memoir, *Promise Me, Dad*. For the history of the Thomas hearings, I turned to *Strange Justice: The Selling of Clarence Thomas* by Jane Mayer and Jill Abramson (Boston: Houghton Mifflin, 1994).

第三章

I benefited from an essay on Biden's inquiry by Roger Berkowitz, entitled "When Joe Biden Wrote to Hannah Arendt," published by The Hannah Arendt Center for Politics and Humanities at Bard College.

James Forman Jr. analyzed the politics of responsibility in *Locking Up Our Own: Crime and Punishment in Black America* (New York: Farrar, Straus & Giroux, 2017).

The accounting and examination of the phrase "through no fault of their own" appears in Michael J. Sandel's *The Tyranny of Merit: What's Become of the Common Good?* (New York:

Farrar, Straus & Giroux, 2020).

Data on the growth of CEO pay in the years after 2007 was published by the Joint Committee on Taxation of the U.S. Congress.

第四章

Stacey Abrams explores the concept of the "new American majority" in her book *Our Time Is Now: Power, Purpose, and the Fight for a Fair America* (New York: Henry Holt, 2020).

For details on the arrangement of other vice presidencies, including Cheney's focus on the "iron issues," I benefited from Barton Gellman's *Angler: The Cheney Vice Presidency* (New York: Penguin Press, 2008).

Obama's use of empathy in political rhetoric is explored in an illuminating 2008 paper by Colleen Shogan, "The Contemporary Presidency: The Political Utility of Empathy in Presidential Leadership," *Presidential Studies Quarterly* 39 (2009): 859–77.

第五章

Bill Bradley's recollections of traveling with Biden to the Soviet Union are drawn from Bradley's memoir, *Time Present, Time Past* (New York: Vintage Books, 1997).

In the summer of 2014, *USA Today* tabulated White House phone records and reported Biden's frequent contacts with officials in Iraq.

Biden's "bet" that Maliki would extend the Status of Forces Agreement was described in *The Endgame: The Inside Story of the Struggle for Iraq, from George W. Bush to Barack Obama*, by Michael R. Gordon and General Bernard E. Trainor (New York: Pantheon Books, 2012).

Zalmay Khalilzad and Kenneth Pollack assessed the strategic outlook for Iraq in their piece, "How to Save Iraq," in *The New Republic*, July 22, 2014.

第六章

Biden's assurance to Obama in 2008 that he would be too old to run for president appeared in Jonathan Alter's "Biden's Unified Theory of Biden," *Newsweek*, October 13, 2008.

Peter Beinart's piece on the potential value of a larger Democratic field in 2016, "Run, Joe, Run: Why Democrats Need a Biden Candidacy" was published in *The Atlantic*, May 9, 2014.

The details around Beau's death, and Biden's diary entry, appear in his memoir, *Promise Me, Dad*. Levingston's *Barack and Joe* provided valuable context on the final years of the Obama-Biden relationship in the West Wing.

Adam Entous's detailed, prescient account of how Hunter Biden's life could figure into presidential politics, entitled "Father and Son," was published in *The New Yorker*, July 1, 2019.

第七章

I benefited from reading an early edition of Samuel L. Popkin's book, *Crackup: The Republican Implosion and the Future of Presidential Politics,* slated for publication in 2021 (New York: Oxford University Press).

Lucy Flores published her account, "An Awkward Kiss Changed How I Saw Joe Biden," in *New York*, on March 29, 2019.

In March 2020, Renee DiResta, a researcher at the Stanford Internet Observatory, analyzed the effects of Jill Stein's promotion of #BidenCognitiveDecline.

Ryan Lizza assessed the divide between Biden and the young left in an insightful piece, "Biden Camp Thinks the Media Just Doesn't Get It," published by *Politico* on September 11, 2019.

Bernie Sanders reflected on his relationship with Biden in "Bernie Sanders Is Not Done Fighting," an interview with Andrew Marantz of *The New Yorker*, published June 9, 2020.

第八章

Biden's plans for early action were described by Matt Viser in "If He Gets a Presidential Day 1, Joe Biden Has a Nearly Endless List of Ways to Spend It," July 29, 2020, in *The Washington Post*.

Kevin M. Kruse explored the potential application of lessons from the Pecora Commission in "Why a Biden Administration Shouldn't Turn the Page on the Trump Era" in *Vanity Fair*, July 7, 2020.

I returned to Sandel's *The Tyranny of Merit* for a thoughtful exploration of changes in American conceptions of reward, control, and struggle.

美國學11

喬・拜登

他的中間路線能重振美國嗎？

Joe Biden : the life, the run, and what matters now

作　　者　歐逸文（Evan Osnos）
翻　　譯　廖世德
編　　輯　王家軒
校　　對　陳佩伶
封面設計　許晉維

企　　劃　蔡慧華
總 編 輯　富　察
社　　長　郭重興
發行人兼出版總監　曾大福
出版發行　八旗文化／遠足文化事業股份有限公司
地　　址　新北市新店區民權路108-2號9樓
電　　話　02-22181417
傳　　真　02-86671065
客服專線　0800-221029
信　　箱　gusa0601@gmail.com
Facebook　facebook.com/gusapublishing
Blog　gusapublishing.blogspot.com
法律顧問　華洋法律事務所／蘇文生律師

印　　刷　前進彩藝有限公司
定　　價　420元
初版一刷　2021年（民110）07月
ISBN　978-986-0763-11-9
ISBN　978-986-0763-16-4 (EPUB)
ISBN　978-986-0763-20-1 (PDF)

國家圖書館出版品預行編目（CIP）資料

喬・拜登：他的中間路線能重振美國嗎？／歐逸文（Evan Osnos）著；廖世德譯. -- 初版. -- 新北市：八旗文化出版：遠足文化事業股份有限公司發行, 民110.07
面；　公分
譯自：Joe Biden : the life, the run, and what matters now
ISBN 978-986-0763-11-9（平裝）

1.拜登（Biden, Joe, 1942-）　2.傳記　3.元首　4.參議員

785.28　　　　110009348